30 课后半小时

中国中小学生
人文·社会·科学

通识教育课

从远古到现在

历史·人类学

卢倩　李阳◎编著

山东教育出版社
·济南·

图书在版编目（CIP）数据

从远古到现在 / 卢倩，李阳编著 . -- 济南 ：山东教育出版社，2024.11.（2025.2 重印） -- （中国中小学生通识教育课）. -- ISBN 978-7-5701-3333-8

Ⅰ . K209

中国国家版本馆 CIP 数据核字第 2024PD8231 号

CONG YUANGU DAO XIANZAI

从远古到现在　　　　　　　　　　　　　　卢倩　李阳 / 编著

主管单位： 山东出版传媒股份有限公司

出版发行： 山东教育出版社

地址：济南市市中区二环南路 2066 号 4 区 1 号　　邮编：250003

电话：（0531）82092660　　网址：www.sjs.com.cn

印　刷： 济南新先锋彩印有限公司

版　次： 2024 年 11 月 第 1 版

印　次： 2025 年 2 月 第 2 次印刷

开　本： 787 毫米 × 1092 毫米　1/16

印　张： 6

字　数： 123 千字

定　价： 49.00 元

（如印装质量有问题，请与印刷厂联系调换）印厂电话：0531-88618298

序言

新课程改革给教育带来了极大的变化，其中最大的变化就是强调培养德智体美劳全面发展的人。过去，我们的学校教育偏重应试教育，导致素质教育不能得到真正落实。为了改变这一局面，新课标增加了通识教育的内容。

通识教育是教育的一种，它的目标是在现代多元化的社会中，为受教育者提供跨越不同群体的通用知识和价值观。随着人类对世界的认识日益深入，知识分类也变得越来越细。人们曾以为掌握了专业的知识，就能将这一专业的事情做好。后来才发现，光有专业知识并不一定能在相关领域有所创造。一个人的创造力必须是全面发展的结果。我国古代的思想家很早就认识到通识教育的重要性。古人认为，做学问应"博学之，审问之，慎思之，明辨之，笃行之"，并且认为如果博学多识，就有可能达到融会贯通、出神入化的境界。如今，开展通识教育已经成为全世界教育工作者的共识。通识教育让我们的学校真正成为育人的园地，培养德智体美劳全面发展的人。

家长们也许要问，什么样的知识才具有通识意义？这正是通识教育关注的焦点问题。当今世界风云变幻，知识也在不断更新，这就需要更多的专业人员站在人类文明持续发展的高度，从有益于开发心智的角度出发，在浩瀚的知识海洋中认真筛选，为学生们编写出合适的书籍。

目前，市面上适合中小学生阅读的通识教育类的书籍并不多见，而这套《中国中小学生通识教育课》则为学生们提供了一个很好的选择。该系列涵盖人文、社会、科学三大领域，内容广泛，涉及哲学、历史、文学、艺术、传统文化、文物考古、社会学、职业规划、生活常识、财商教育、地理知识、航空航天、动植物学、物理学、化学、科技以及生命科学等多个方面。编写者巧妙地将丰富的知识点提炼为充满吸引力的问题，又以通俗有趣的语言加以解答。我相信，这套丛书会受到中小学生们的喜爱，或许会成为他们书包中的常客，或是枕边的良伴。

贺绍俊

文学评论家

目录 CONTENTS

从远古到现在

　　当我们追溯往昔、回望遥远的过去时，一定忍不住这样遐想：中华大地是如何孕育出辉煌的文明的？那些古老的故事与传说背后隐藏着怎样的秘密？人类文明的演进之路经历了怎样的曲折与变迁……让我们重回历史，追溯中华文明的辉煌历程，寻找人类发展的脉络与奥秘。

天和地是怎么形成的？

天和地是怎么形成的？

"炸"出来的。

盘古开天辟地的传说

相传在我国上古神话中，有一位开天辟地的神明——盘古。那时候，宇宙一片混沌，看起来就像个巨大的鸡蛋，而盘古在里面沉睡了整整一万八千年。有一天，他突然在一片漆黑中醒来，随着他的一个翻身，"鸡蛋"竟然出现了一条裂缝，让一丝光亮照了进来。于是，他便抡起大斧向眼前的黑暗劈去。伴随着一声巨响，"鸡蛋"被一分为二。轻而清的东西，逐渐上升，变为天；重而浊（zhuó）的东西，逐渐下沉，变为地。从此，天和地就分开了。

看我分天地！

天和地是"炸"出来的。

宇宙大爆炸形成天和地

千百年间，科学家们一直在探寻天和地形成的真正原因。根据理论推算和观测，目前大部分科学家认为宇宙起源于 138 亿年前的大爆炸：一开始，宇宙只是一个小到不起眼的"奇点"，直到发生了一场难以想象的大爆炸，它开始迅速地向外膨胀，于是数不清的星球出现了。地球出现在大约 46 亿年前，它坚硬的表面就是最原始的"地"，而包裹它的那层气体——大气层就是最原始的"天"。

天地之间应该有九万里吧！

天地之间没有明确的分界线！

古人心目中的"天和地"

（一）盖天说

古人认为天是圆的，就像没有手柄的、张开的伞；地是方的，就像一张四四方方的棋盘；天在上，地在下，天与地不相接，而是由位于地的边缘的八根柱子将天撑起来；从外面看，天可以将地完全笼罩住。这就是古老的"盖天说"。

（二）浑天说

浑天说最早可能始于战国时期，而"浑天"二字最早则出现于西汉。浑天说的核心观点是天体都附着在一个"天球"之上，日月星辰都随着天球的运转而运动。这一观点与现代天文学的天球概念十分接近。

天和地之间有多远？

古人曾提出"扶摇直上九万里"的说法，但研究表明，"天"与"地"实际并没有明确的分界线。大气层可以分为散逸层、热层、中间层、平流层和对流层，其中对流层是大气层中位置最低、质量最大的一层，从地球表面向高空伸展。我们能看到的天气现象几乎都发生在这一层，比如雷电、暴雨、冰雹等。

课堂小链接

在我国古代，有很多与"天""地"有关的诗词：

· 念天地之悠悠，独怆(chuàng)然而涕下。——陈子昂《登幽州台歌》

· 飘飘何所似，天地一沙鸥。——杜甫《旅夜书怀》

· 天长地久有时尽，此恨绵绵无绝期。——白居易《长恨歌》

……

"人文初祖"之炎黄二帝

炎黄本是亲兄弟！

远古时代的两个部落首领

"炎黄"不是姓名，也不是地名，而是我国神话传说中的两位帝王。"炎"指的是炎帝，有人认为炎帝就是神农氏（也称烈山氏）；"黄"指的是黄帝，即轩辕氏（也称有熊氏）。相传，黄帝与炎帝是一对同胞兄弟，他们都是少典的儿子。后来，二人在阪（bǎn）泉交战，炎帝战败后，他的部落就与黄帝的部落结成了联盟。中国人将炎帝和黄帝奉为中华民族的祖先。

课堂小链接

相传，"三皇五帝"中的"三皇"指的是燧（suì）人、伏羲（xī）和神农；"五帝"为黄帝、颛（zhuān）项（xū）、帝喾（kù）、唐尧（yáo）和虞（yú）舜。

炎黄二帝塑像

二人都是上古时期的"佼佼者"

炎帝和黄帝，既是杰出的部落首领，又是"发明家"。相传，炎帝曾亲自尝遍百草，为族人找到了能种植的五谷以及能治病的草药；发明耒（lěi）耜（sì），教族人垦荒种田；治麻为布，让族人穿上舒适的衣服；还率领族人制作出了陶器……黄帝同样也作出许多贡献，他率领族人创造文字、制作衣冠、养蚕种桑、建造宫殿……

技多不压身。

打败蚩尤

相传，蚩（chī）尤曾是黄帝的手下，但他发动了叛乱，并与黄帝在涿（zhuō）鹿展开了决战。战争中，蚩尤还招来了浓雾，使得黄帝的士兵无法找到进攻的方向。就在这危急关头，黄帝之臣风后发明了指南车，众人跟着指南车所指的方向，再次扑向了敌人。最终，黄帝打败了蚩尤。

上古神话里的那些"名人"

在上古神话中，除了黄帝和炎帝，还有很多传授人类生存本领的"名人"，比如教会人类结网捕鱼的伏羲氏；教会人类用木头在树上建造房屋的有巢氏；教会人类钻木取火的燧人氏……

黄帝战蚩尤

远古部落首领是怎样接班的？

呃……不是爸爸传给儿子吗？

传位这个事，老大说了算！

帝尧像　　帝舜像　　大禹像

远古时代的三位部落首领

在我国远古时期，黄帝以后黄河流域又先后出现三位部落首领——尧、舜、禹（yǔ）。尧，号陶唐氏，名放勋（xūn），又称唐尧，据说他生活简朴，爱民如子；舜，号有虞（yú）氏，名重华，又称虞舜，他孝顺贤德，品行极好；禹，姒（sì）姓，夏后氏，名文命，又称夏禹，相传他治水有功，造福万民。

部落首领怎样挑选继承人？

远古时期，每个部落都有自己的首领。那么，首领卸任后，由谁来当接班人呢？相传，当前任首领年老时，部落里的人就会通过推举的形式，选出一个德才兼备、行为高尚的人来成为他的继承人。不过，这个人还需要经历重重考核，才能真正成为部落的新首领。这种制度在历史上被称为"禅（shàn）让制"。

必须的！

好好干！

尧舜禅让的传说

相传，尧任部落首领多年，决定退位让贤（xián），这时候很多人都推举舜成为他的继承人。于是，尧将舜留在身边，让他先帮自己管理部落。舜也不负众望，将部落管理得越来越好。于是，尧在年老时便把首领之位禅让给了舜。而舜在晚年，又以同样的方式将首领之位传给了治水有功的禹。

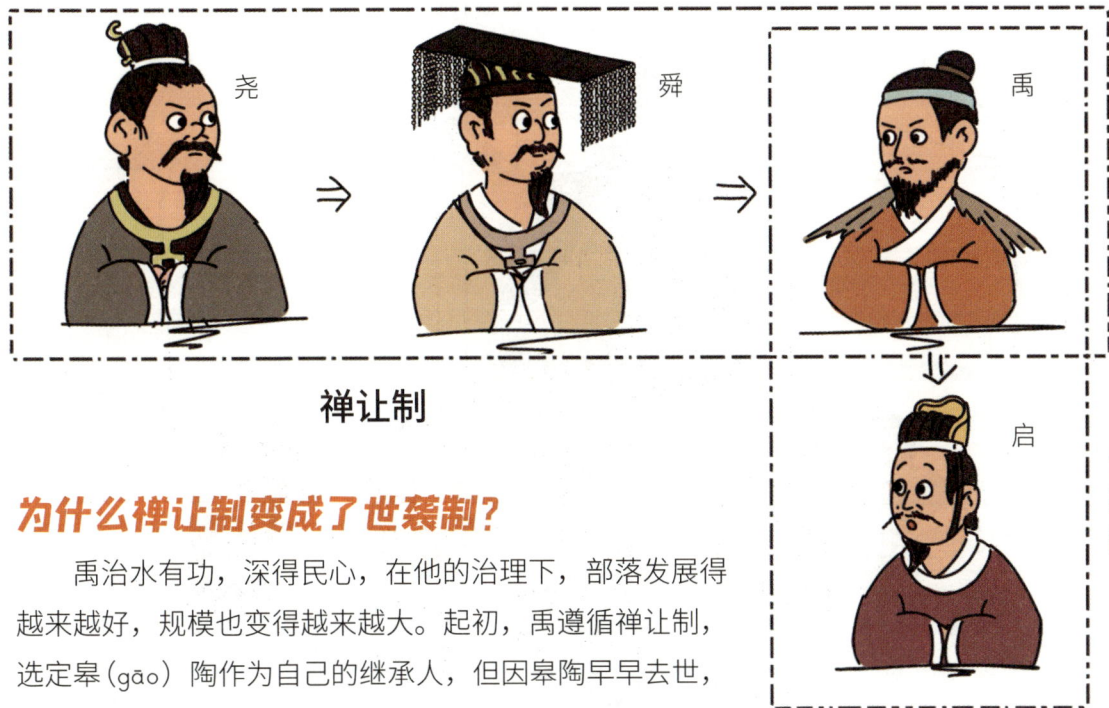

禅让制

世袭制

为什么禅让制变成了世袭制？

禹治水有功，深得民心，在他的治理下，部落发展得越来越好，规模也变得越来越大。起初，禹遵循禅让制，选定皋（gāo）陶作为自己的继承人，但因皋陶早早去世，他决定传位于伯益。但禹去世后，他的儿子启用武力夺取王位，成为了新的首领。也是从这时候起，王位世袭制替代了禅让制。

📖 知识加油站

相传，禹在位时将中国分为九州，分别是：豫（yù）州、青州、徐州、扬州、荆州、梁州、雍（yōng）州、冀州、兖（yǎn）州。

大禹铜像

为什么夏商周与诸侯国并存？

诸侯就是天子的"小跟班"呀……

你们定期给我朝贡和缴赋税就行，内部的事交给你们自己了！

太好了！

什么是天子？

天子指的是国王或皇帝。在古代，统治者们大多宣扬是神明给了他们无上的权力，因此他们被认为是"天的儿子"，也就是"天子"。一般认为，用"天子"称呼君王这一习俗始于 3000 多年前的周朝。

诸侯真的是君王的"小跟班"吗？

西周到春秋时期，君王会分封给诸侯土地。诸侯及其子孙后代对其封地内的所有事情有自主决策的权力，但也要服从王命，承担定期朝贡和捍（hàn）卫王室等责任。他们也可以再向下分封土地，封地越小，掌管封地的人的地位也越低。据说，周朝时期，根据分封制度，诸侯会被从上到下分为公、侯、伯、子、男五等。

那么，什么人有资格成为诸侯呢？一般来说，同姓王族、功臣、归顺的前朝贵族和异族首领等都有机会成为诸侯。

夏、商、周的更迭

夏是我国史书有记载的第一个世袭制朝代，商为第二个，周是第三个，但它们并不是以"一换一"的形式进行更迭（dié）的。商曾是夏的诸侯国，与夏并存了许多年，而周曾是商的诸侯国，直到商被周武王所灭。

分封制，是好还是坏？

分封制，是中国古代帝王分封诸侯的制度。从商代开始，已经有了侯、伯等称号。一方面，分封制稳定了社会秩序，巩固了天子统治；但另一方面，诸侯国的日益强大，必然导致王权的衰落。比如，在西周后期，随着诸侯国互相兼并，分封制遭到了严重的破坏，周天子渐渐失去了管理诸侯的权力，国家变得分崩离析。这么看，分封制既有好的一面，也有坏的一面啊！

我是老大。

我才是！

你俩竟敢在我面前称老大！

💡 你知道吗？

周幽王有位妃子叫褒姒（bāo sì），她虽长得美却不爱笑。于是，周幽王为博美人一笑，命人点燃传递军情的烽火。各诸侯不知内情，带着兵马匆匆赶来救驾，却发现根本没有敌人，因此愤然离去。而褒姒见此情景，终于笑了起来。这就是著名的"烽火戏诸侯"。

好 "乱" 的春秋战国时期

春秋战国真乱啊……

"春秋" "战国" 是怎么来的？

春秋战国并不是一个具体的朝代，而是我国古代历史上的一段大分裂时期。虽然"春秋""战国"常常并称，但它们其实是前后两个不同的时期，春秋时期为公元前770年—公元前476年，战国时期为公元前475年—公元前221年，它们分别因《春秋》《战国策》二书而得名。

春秋战国时期车马人物浮雕画

春秋时期，各国争霸

公元前770年，东周建立。当时，周天子势力微弱，诸侯国却日益强大，并开始互相吞并、扩张领土。表面上，诸侯国仍受命于周天子，但实际上诸侯才是掌控诸侯国的真正主人。最后，经过轮番角逐，春秋时期先后出现了五位霸主，他们分别是齐桓公、晋文公、楚庄王、宋襄公、秦穆公，史称"五霸"，也作"五伯（bà）"。

战国时期，互相吞并

到了战国时期，各诸侯之间的"生存竞赛"也开始了。依照"大鱼吃小鱼，小鱼吃虾米"的原则，强国歼（jiān）灭弱国，大国吞并小国，打到最后只剩下了实力强大的"战国七雄"：齐、楚、燕、秦、赵、韩、魏。

我们天下无敌……

别高兴得太早，我早晚把你们都吞并了！

赵
魏
齐
秦
燕
韩

秦

一边是纷争，一边是融合

春秋战国时期，各国纷争不断，社会动荡不安，这是不可改变的事实。但在大国兼并小国、小国慢慢融入大国的过程中，不同地域的文化也开始相互融合。尤其是秦国，经过多次战争，它在政治、经济、军事、文化等各方面的实力都有所加强，这为它日后吞并六国奠（diàn）定了基础。

课堂小链接

春秋战国时期，学术蓬勃，百家争鸣，涌现出了很多杰出的思想家，如：孔子、孟子、荀（xún）子、老子、庄子、韩非子等，他们都是当时的思想先驱、风云人物。

中国历史上第一个大一统国家

自称"始皇帝"的人，果然厉害！

你们都是朕的子民，用统一的文字、货币和度量衡。

秦灭六国，统一天下

秦国原本是个弱国，因为经历两次变法而得到飞速发展，成为战国后期实力最强的诸侯国。其余六国见秦国强大起来，十分戒备，也曾想要联手来对抗秦国，但最后却因利益问题而决裂，甚至开始互相攻伐。于是，秦国采取"远交近攻"的策略，对其余国家次第蚕食，逐个击破，最终成功灭掉六国，统一天下。

中国历史上第一个大一统国家

为什么我们认为秦是中国历史上第一个"大一统"国家呢？公元前221年，秦王嬴（yíng）政统一六国，建立了中国历史上第一个中央集权的统一多民族国家——秦朝，并自称"始皇帝"。与过去相比，秦朝废除了诸侯，所有百姓都只听命于秦始皇一个人。同时，全国推行统一的法律、文字、车轨、货币和度量衡。这里补充一下，度量衡就是当时计算长度、容积、重量的标准。

废分封，行郡县

秦始皇统一天下后，力排众议，废除分封制，实行郡县制，这大大加强了朝廷对地方的控制。一开始，他将全国分为三十六郡；后来，他又将郡的数量增加到四十多，并在郡以下设置县。不过，管理郡县的人一直都是由朝廷指派的。值得一提的是，郡县制实际上起源于春秋时期，并非由秦始皇创立。

统一文字

在秦朝颁布的众多政策中，有一项特别值得一说，那就是"书同文"。秦朝建立后，原本来自不同国家的百姓逐渐融入同一个"大家庭"，但由于他们之前使用的文字各不相同，所以交流起来十分困难。于是，秦始皇下令所有人都要使用统一的文字——小篆（zhuàn）。小篆，也叫作秦篆，由周朝时期所创的大篆省改而来，比大篆更加简洁、整齐。

哇！秦权是秦朝全国统一度量衡时铸造的衡具？

是呀，它是当时官府批准的标准砝码！

皇帝陛下，万年无极……

📖 知识加油站

中国古代最早以"皇帝"自称的国家最高统治者就是秦王嬴政，即秦始皇。自他开始，"皇帝"就成为中国历代君王的专有称谓。

秦始皇为什么要修筑长城？

为了抵御匈奴侵扰、保护秦朝领土。

抵御匈奴侵扰

秦始皇统一天下后，北方的游牧民族仍会时不时侵扰秦朝的百姓。为了保护秦朝的领土，让后世子孙能安定地生活下去，秦始皇决定要修筑一座规模庞大的军事性防御（yù）工程。早在春秋战国时期，秦、赵、燕三国为了抵挡游牧民族的侵扰，就已经在他们的北方边境分别修筑过城墙。因此，秦始皇命人连接原有的城墙并加以修缮（shàn）增筑，最终形成了绵延北部边境的"万里长城"。

长城是怎么修筑的？

长城绵延不断，犹如一条东方巨龙，盘踞（jù）在地势险峻的山岭之上，这是因为当时采取的策略是"因地制宜，用险制塞"。秦朝时期，我们的祖先还没有先进的机械工具，建造长城全靠劳工的一双手。数以百万计的劳工先开山凿（záo）石，用泥土制砖，再靠人力搬运，将一块块泥砖砌成砖墙。就这样，日复一日，年复一年，雄伟的长城终于被建起来了。此后，又经过历代君王的多次修缮增筑，长城才逐渐变成我们今天看到的模样。

长城到底有多长?

长城真的是万里长吗?据历史记载,秦长城西起临洮(táo)(今甘肃岷县),东至辽东(今辽宁省的东部和南部及吉林省的东南部地区),全长5000多千米。如今我们看到的长城,其实是明长城,总长8851.8千米,已远超万里了。

长城只是一道长长的城墙?

长城可不仅只有城墙,而是以城墙为主体,连接了大量的烽火台、敌楼、关城、卫所等防御建筑。1987年,长城作为珍贵的文化遗产,被列入《世界遗产名录》。它是中国古代文明的见证,更是世界建筑史上的奇迹。

💡 你知道吗?

相传,秦始皇修筑长城时,孟姜女的新婚丈夫也被迫去修筑长城,但他没过多久便劳累过度而死。孟姜女万里寻夫,来到长城脚下,当她得知丈夫去世,且尸骨被埋进长城后,便放声大哭。她的哭声惊天地、泣鬼神,那段埋葬其丈夫尸骨的长城也因此而倒塌。最后孟姜女也投江而死。虽然这只是个传说,但也反映了秦始皇强征百姓修建长城的暴政。

古代丝绸之路是怎样开辟出来的？

是运送丝绸的路哦。

丝绸之路是铺满丝绸的路吗？

"丝绸之路"是什么路？

丝绸之路，简称"丝路"，一般指陆上丝绸之路，是我国古代一条通往西域的交通路线，起源自西汉时期。

约公元前 2 世纪起，大量来自中国的丝和丝织品经此路被送往中亚、波斯（今伊朗）、地中海沿岸的罗马等地，故此路被称为"丝绸之路"。

传统的丝绸之路要怎么走？

传统的丝绸之路，以汉朝的都城长安（今西安）为起点，先由河西走廊到达敦煌，再经中亚、西亚，最后抵达欧洲的地中海诸国，全长约 6500 千米。在历史上，因我国历代王朝的都城时有改变，丝绸之路的起点也会随着发生改变。

💡 你知道吗？

"丝绸之路"的名字，最早由德国地理学家李希霍芬提出。19 世纪末，李希霍芬在《中国》一书中，将"从公元前 114 年至公元 127 年间，中国与中亚、中国与印度间以丝绸贸易为媒介的这条西域交通道路"命名为"丝绸之路"。

张骞出使西域

西汉时期，汉武帝想联合大月氏（zhī）夹击匈奴，便派张骞（qiān）出使西域。建元三年（公元前 138 年），张骞率 100 多人从长安出发，经陇（lǒng）西进入河西走廊，却不幸被匈奴抓住。在被困 11 年后，张骞趁乱成功逃脱，西行至大宛（wǎn）、康居、大月氏、大夏，终于在元朔三年（公元前 126 年）重回长安。张骞的这次西域之行，使中原与西域第一次有了直接交往，为开辟丝绸之路奠定了基础，史称"张骞凿空"。

凿空之旅

第二次出使西域

公元前 119 年，张骞奉命第二次出使西域，他带着 300 多人的使者团以及各种金银珠宝和丝织品，出使西域各国，与他们建立友好关系。这一次，张骞受到各国的热情招待，他们都表示愿意与汉朝往来。从此，汉朝与中亚各国的交往变得越来越密切。

为什么东汉末年出现三国鼎立之势？

三国鼎立就是三个国家都很厉害呗……

孤能有今天，离不开孔明这么多年的辅佐啊！

东汉末年就一个字：乱！

东汉末年，政治腐败，天灾人祸接连不断。朝廷内有宦（huàn）官专权，外有反抗统治者暴政的农民起义。统治者自顾不暇（xiá），只能不断地下放兵权，让各地自行招兵买马，以此镇压层出不穷的叛乱。于是，很多地方豪强和官员的势力变得越来越大，使整个国家变得更乱了。

群雄割据，风云再起

自古以来，只要天下一乱，便会纷争四起。东汉末年，皇权已名存实亡，各方势力互相攻伐，开启兼并之战。曹操"挟（xié）天子以令诸侯"，打败袁绍，赢得官渡之战，为统一北方奠定了基础；孙家父子三人（孙坚、孙策、孙权）经过多次战争，最终打败其他势力，占据长江中下游地区；刘备立志匡（kuāng）扶汉室，"三顾茅庐"才请得卧龙先生诸葛亮出山相助，大败曹操后最终占领荆州。

魏

曹丕

赤壁之战是个转折点？

曹操占据北方后，开始筹划统一全国，于是率大军南下，这让身处江东的孙权十分担忧。在这危急关头，刘备带兵前来结盟，双方决定共抗曹操。建安十三年（208 年），孙权和刘备的联军与曹军在长江赤壁相遇。他们利用曹军路途疲惫、不谙（ān）水性等弱点，采取火攻策略，大破曹军，史称"赤壁之战"。自此，曹操退守北方，而刘备、孙权继续各占各的地盘，奠定三国鼎（dǐng）立的基础。

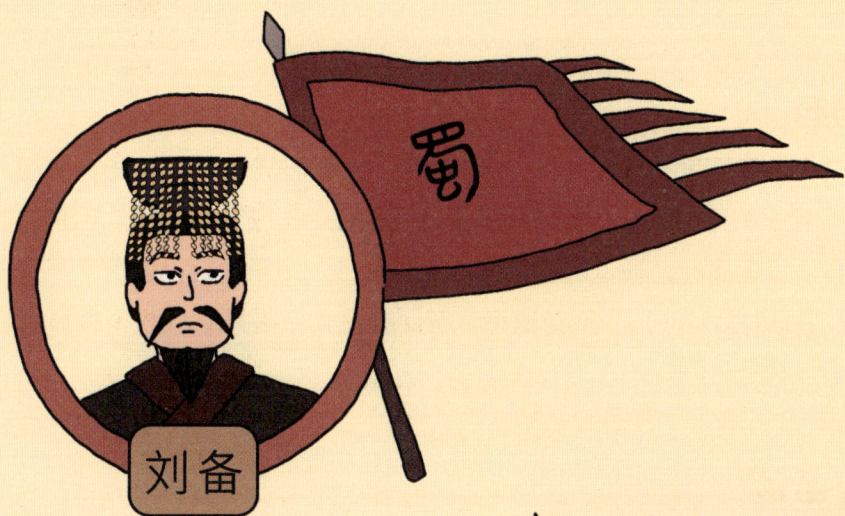

刘备

蜀

三分天下

公元 220 年，曹操去世后，他的儿子曹丕（pī）逼迫汉献帝退位，自己"顺理成章"地称帝，建立魏国，东汉由此彻底灭亡。接着，公元 221 年，刘备称帝，建立蜀国；公元 222 年，孙权称吴王，公元 229 年，孙权称帝，建立吴国。自此，魏、蜀、吴三分天下，正式形成了三国鼎立的局面。

吴

孙权

💡 你知道吗？

三国时期虽然比较短暂，却有不少著名的典故，比如桃园结义、三顾茅庐、望梅止渴、鞠（jū）躬尽瘁（cuì）、乐不思蜀……除了这些，你还知道什么呢？

为什么司马家成了三国最后的赢家？

三家争地盘，结果第四家赢了……令人意想不到啊！

"栽树"的司马懿

三国时代，名人辈出，魏国就有这么一位"超级忍者"——司马懿(yì)。他出身士族，有勇有谋，年轻时被曹操强制征召为官，却得不到曹操的信任，无法大展拳脚。后来，他受到曹丕(pī)的器重，步步高升，通过出谋划策、带兵征战，渐渐为自己赢得了声望。司马懿虽是魏国重臣，又辅佐(zuǒ)了四位皇帝，甚至在后期手握国家大权，但直到去世，他都没有推翻曹魏政权。

前人栽树，后人乘凉

司马懿死后，他的儿子司马师、司马昭(zhāo)先后当政，继续把持曹魏大权。与父亲司马懿的隐忍不同，司马昭野心勃勃，专横(hèng)跋(bá)扈(hù)，肆意妄为，那句"司马昭之心，路人皆知"便是最好的体现。司马昭原本计划先吞灭蜀国，后灭掉吴国，最后统一天下。但没想到的是，就在大业将成之际，他竟然生病去世了。

魏、蜀、吴三国去哪儿了？

三国时期终末，蜀国后主刘禅没有太大的才能。在诸葛亮死后，面对曹魏大军的强攻，他为求自保而选择了投降，自此蜀国灭亡；魏国看似实力最强，但朝政大权早已落入司马家手中，可谓名存实亡；吴国虽占据有利地形，但无奈统治者昏庸无能，最终也被司马家所灭。

安乐公思念蜀国吗？

此间乐，不思蜀……

三家归晋

公元 266 年，司马昭之子司马炎篡（cuàn）位称帝，改国号为"晋"，史称西晋。此时，蜀国、魏国已经灭亡，只剩下吴国仍占据江东一带。然而，司马炎称帝后并没有第一时间去讨伐吴国，而是继续韬（tāo）光养晦（huì）。直到公元 279 年，司马炎出兵吴国，将其一举攻破，自此，曾经的魏、蜀、吴三国都变为司马家的囊中之物。

该是我司马家的天下了……

📖 **知识加油站**

在历史上，西晋只传了四代皇帝，历时五十一年。虽然西晋结束了三国鼎立的局面，但它的存在也不过是"昙（tán）花一现"。

为什么隋炀帝要开凿大运河？

有了大运河，出行太方便了！

隋炀帝与大运河

隋炀（yáng）帝杨广，是隋朝的第二位皇帝。他从小聪明好学，善写诗文，能言善辩，很受父母喜欢，长大后更是文武双全，立下了很多功劳。但当上皇帝后，他仿佛变了一个人，不仅好大喜功、沉迷享受，还横施暴政、搜刮百姓。隋炀帝在位期间，把国都迁到了洛阳，并征发几百万劳工开凿了一条南北走向的大运河——后称为隋唐大运河。

虽然在今天来看，开凿大运河无疑是一项壮举，但这在当时却引发了极大的民愤，加速了隋朝的灭亡。

🔋 知识加油站

京杭大运河起于北京，终至杭州，途经北京、天津以及河北、山东、江苏、浙江。它始建于春秋时期，后经过隋朝和唐朝的两次大规模扩建，全长约为 1747 千米。

隋朝修的大运河是哪一条？

大运河是我国古代南北交通的重要航道，可以根据修建年代的不同被分成几段。隋朝主要修建了五条河道：广通渠（qú）、通济渠、邗（hán）沟、永济渠、江南河，它们将海河、黄河、淮（huái）河、长江、钱塘江五大水系连接起来，形成一条沟通南北的交通"大动脉"。

开凿大运河，是好事还是坏事？

大运河开通后，从北方到南方的交通变得快捷许多，这既便于百姓日常出行，也让朝廷能更好地治理江南地区。同时，这也增加了南北方的商贸往来和文化交流，促进了隋朝经济的发展。当然，隋炀帝去江南地区游玩也更方便了。

修建大运河，百姓做了多大的牺牲？

公元 605 年，隋炀帝下令修建大运河。开始时，朝廷征发了一百多万劳工；过了三年，朝廷再次征用了一百多万劳工；两年后，朝廷又动用大量人力，来疏通河道。至此，隋炀帝前后共动用了数百万的劳工，耗时六年时间，才修建完这条人工水道。当时，大量劳工因过度劳累而死，同时大片庄稼荒芜（wú），导致当时饿殍（piǎo）遍野，百姓们苦不堪言。

为什么唐太宗被尊称为"天可汗"？

天可汗就是全天下的老大！

什么是"天可汗"？

可汗（hán），是古代鲜卑、柔然、突厥（jué）、回纥（hé）、蒙古等民族中最高统治者的称号，又称"大汗""汗王""合罕"，类似于汉语中的"君主""国王"。唐朝贞观年间，为了表示对唐太宗的拥戴，各族首领都尊称他为"天可汗"。顾名思义，"天可汗"就是统领天下所有人的王。唐太宗是第一位赢得此赞誉的中原帝王。

我们是一家人！

"天可汗"万岁！

仁爱的君王

唐太宗李世民，是唐朝第二位皇帝，也是历史上杰出的政治家、战略家、军事家。在位期间，他虽然出兵战胜了侵犯唐朝领土的其他民族，却并没有将其赶尽杀绝，而是采取开明宽容的政策，用仁爱之心相待，使得各族首领对他心悦诚服。

文成公主入藏

公元 638 年，吐蕃（bō）王松赞干布派遣使者禄（lù）东赞来到长安，再次请求与唐朝和亲。唐太宗考虑再三，同意将文成公主嫁给松赞干布。公元 641 年，文成公主在吐蕃使者和唐朝使者的共同陪伴下前往吐蕃，而为了表示尊重，松赞干布更是亲自率领群臣前去迎接送亲的队伍。文成公主入藏，巩固了大唐与吐蕃的关系，也促进了汉藏两族人民的友好往来。

汉藏和亲雕像

名留青史的"贞观之治"

唐太宗在位时期，政治清明，社会稳定，经济繁荣，国家昌盛，百姓安居乐业。因为唐太宗定年号为"贞观"，所以后人将这一时期称为"贞观之治"。当时，无论是生活在唐朝周边的其他民族，还是来自遥远国度的外国人，都能来唐朝做买卖，或者干脆生活在这里。唐朝的官员和百姓也不排斥这些人，反而对他们十分宽容友好。

《步辇图》[唐] 阎立本（描绘了吐蕃使者禄东赞到长安朝见唐太宗时的场景）

中国历史上唯一的女皇帝

武则天太厉害了！

千古女帝——武则天

在古代，女性地位卑微，常被要求去服从她的父亲、丈夫甚至儿子。但是，在这样的环境下，有一个女子却登上了权力的巅（diān）峰，成为中国历史上唯一的女皇帝，她就是——武则天！其实，"武则天"并不是她的本名，而是一种尊号。实际上，她姓武，名曌（zhào），自立为帝后，被尊为"则天大圣皇帝"，后世才将她称为"武则天"。

"宫门"一入深如海

十四岁时，武则天被唐太宗选为才人。但是，进宫以后，她却一直没有得到晋升的机会。公元 649 年，唐太宗病逝，武则天因无儿无女，又没有任何特殊才能，所以被迫离开皇宫，搬到了皇家寺庙——感业寺居住。

吾皇万岁，万岁，万万岁！

一步步走向巅峰

武则天在感业寺期间，李治即位，是为唐高宗。由于李治之前一直偷偷喜欢武则天，自己当了皇帝后，便把她接回皇宫。在唐高宗的宠爱下，武则天一步步坐上了皇后的宝座。与此同时，她凭借过人的谋略笼络了一批支持自己的官员。自公元655年，武则天逐渐把持朝政。也因此，人们将她与唐高宗并称为"二圣"。久而久之，武则天的眼界变得更加开阔，治国能力也越来越强，而这些都为她日后称帝积累了丰富的政治资源。

登基称帝

公元683年，唐高宗因病去世。7年后（690年），武则天自称"圣神皇帝"，改国号为"周"，建立武周王朝。在位期间，武则天重视科举，广纳贤才，劝耕农桑，但也任用酷吏（lì），大兴冤狱。公元705年，病重的武则天被迫退位，不久，便病逝于宫中，享年82岁。

被人朝拜的感觉，太爽了！

吾皇万岁，万岁，万万岁！

💡 你知道吗？

武则天作为中国历史上唯一一个得到普遍承认的女皇帝，死后却只留下一块无字碑，碑上什么都没有写，只有一片空白。这块无字碑位于陕西省咸阳市区外的乾（qián）陵，每年都会吸引很多游客前来参观。

唐朝的诗人为何那么多？

诗多，人多，诗人多！

唐朝什么特别多？

诗人自古有，唐朝特别多

诗人，通常指创作诗歌的人。从战国时期开始，"诗人"一词就出现了。大多数学者认为，我国最早的诗人是战国时期的楚国人屈原。此后，历代王朝都有诗人出现，尤其在唐朝，诗人数量达到前所未有的顶峰。据记载，唐朝留下姓名的诗人超过两千位。

为啥唐朝有那么多诗人？

唐朝重视文化，鼓励诗歌创作，尊重诗人，给了诗人广阔的创作空间。唐朝的统治者也大多爱好文学创作，喜欢诗歌，愿意任用诗人为官。因此，唐朝涌现出了一大批优秀的诗人，比如：李白、杜甫、白居易、王维、王勃、刘禹锡（xī）、孟浩然、王昌龄、岑（cén）参、杜牧、李贺等。当时，上至王公贵族，下至黎民百姓，几乎人人读诗，人人赏诗，唐朝可以说是当之无愧的"诗的国度"。

李白

杜甫

白居易

王维

王勃

大

一言不合就作诗的唐朝人

一个文人要想在唐朝的文坛站稳脚跟，那他怎么都得写出几首令人称赞的诗来。若他还想立身扬名，那他的诗还要写得独树一帜（zhì）、字字珠玑（jī），让别人想模仿都模仿不了。唐朝的普通百姓在日常生活中也处处离不开诗，聚会时、为朋友送别时、游山玩水时、争吵斗气时，都要吟诗、唱诗、作诗、品诗……总之，唐朝人的生活与诗是分不开的。

其他朝代也有优秀的诗人吗？

唐朝以外的各个朝代，也有杰出的诗人存在，也常有优秀的作品问世。如：东晋诗人陶渊明、宋代诗人苏轼等，他们创作的诗歌也是优美的、令人回味的。不过，总体来说，唐朝的诗人之多，题材之广，作品之优秀，令其他朝代望尘莫及。

李贺

杜牧

岑参

王昌龄

唐

孟浩然

刘禹锡

📖 知识加油站

其实《唐诗三百首》里面的诗可不止 300 首哦，我们常见的版本大多选诗310 首。《唐诗三百首》是一个总集名，由清乾隆年间的蘅（héng）塘退士孙洙（zhū）所编。它原本是为启蒙阶段的儿童学习诗歌而编的家塾课本。《唐诗三百首》按照不同的体裁编排，比如五言古诗、七言古诗、五言律诗、七言律诗、五言绝句、七言绝句等。

宋朝为什么重文轻武?

宋朝文化人真多……

宋太祖"杯酒释兵权"

宋朝的开国皇帝赵匡胤（yìn）是一位优秀的政治家、军事家。北宋之前，全国处于"五代十国"的大分裂时期，那时藩（fān）镇割据，各地拥兵自重、互相攻伐。直到赵匡胤称帝，建立宋朝，才结束这种纷纷扰扰的局面。为防止历史重演，赵匡胤设宴款待朝中将领，并在席间迫使他们交出兵权。这就是历史上有名的"杯酒释兵权"。

干了这杯酒，兵权全归我所有！

"重文轻武"是怎么回事?

"重文轻武"，简单来说，就是提升文官的地位，降低武将的地位，重视文治，削弱武略。在宋太祖赵匡胤定下"重文轻武"的政策后，之后的好几任帝王都纷纷效仿，并以此为国策，将其长期推行了下去。

我就说当初让你学文吧！

《清明上河图》（局部）［北宋］张择端

有利有弊，这是一把双刃剑

开国之初，"重文轻武"政策的推行，使经历多年战乱的百姓终于有机会休养生息，对维护社会稳定、促进经济发展起到了很大的作用，也使当时涌现出了很多出类拔萃（cuì）的文人学者，为宋朝带来了繁荣的文化和艺术。但与此同时，由于朝廷长期压制武将，甚至安排文官来戍（shù）守边疆，宋朝的军事实力日益衰减。在敌人的铁蹄之下，宋朝最终也难逃灭亡的命运。

王安石画像

富国强兵的变法以失败告终

宋神宗即位后，采纳王安石的建议，开始推行新法。他希望能通过变法来加强军队建设，提高宋朝军队的战斗力。但遗憾的是，当朝的很多官员都害怕自己的利益遭到损害，于是联起手来反对新法的推行。最终，王安石被逼辞官，这场变法也以失败告终。

为什么宋朝被称为"中国的文艺复兴"时代？

文艺复兴？
蒙娜丽莎！

你是不是只知道这个？

为什么说宋朝就像一片"文艺沃土"？

宋朝有着高度发达的商品经济，当时世界各地的很多商人都会带着奇珍异宝，来到宋朝的都城做买卖。一方面，发达的经济不仅充实了高官贵族的荷包，也使百姓有钱可花，从而对文艺也有所追求；另一方面，南来北往的商人给宋朝带来了大量的新奇事物，为文人学者的创作提供了丰富的素材。同时，宋朝的皇帝大多喜欢书画，还会在宫中设置很多与文艺相关的职位。总之，宋朝就像一片生机勃勃的沃土，开出了数不清的文艺之花。

璀璨的文艺成就

宋朝在文艺上取得了亮眼的成就，这一时期，儒学复兴，理学蓬勃，史学丰富，文学发达，诗词、散文、书法、绘画、医学、建筑、园艺、科技等样样出彩，可谓百花齐放、春色满园。因此，历史学家陈寅（yín）恪（kè）曾评价："华夏民族之文化，历数千载之演进，造极于赵宋之世。"

诗词
散文

书法
绘画

科技

中国的
"文艺复兴"

建筑
园艺

医学

课堂小链接

很多宋词流芳后世，传诵千古，看看下面的佳作，你会背诵其中哪一首？

但愿人长久，千里共婵娟。——苏轼《水调歌头·明月几时有》

金风玉露一相逢，便胜却人间无数。——秦观《鹊桥仙·纤云弄巧》

花自飘零水自流，一种相思，两处闲愁。——李清照《一剪梅·红藕香残玉簟秋》

我是宋人我自豪！

宋朝的国际地位有多高？

我国在宋朝时也曾是一个超级大国，在政治、经济、文化等方面，都达到了很多朝代难以企及的高度。你知道吗？北宋时期，汴（biàn）京（今河南开封）作为宋朝的都城，成为当时世界上妥妥的"国际大都会"，每年都有大量的外国人涌入宋朝，到中原朝拜、经商或定居。

各行各业的"大咖"

当然，宋朝之所以能取得如此耀眼的成绩，还得感谢那些才华横溢（yì）的"大咖（kā）"们。比如：在科技方面，毕昇（shēng）发明了活字印刷术；在哲学方面，朱熹（xī）建立了一个完整的客观唯心主义的理学体系；在文学方面，欧阳修、王安石、苏轼都是名留青史的大文豪；在绘画方面，宋徽宗设立翰（hàn）林书画院，主持编写《宣和画谱》，创造了"瘦金体"……

活字印刷第一人

建立理学体系

朱熹

诗文革新运动领袖

王安石

绘画代表

毕昇

宋徽宗

成吉思汗为什么被称为"一代天骄"?

成吉思汗是什么人?

"成吉思汗"即"元太祖",是大蒙古国的建立者铁木真的尊号,意思是"拥有四海的强大者"。他是人类历史上杰出的政治家、军事家。铁木真出生在漠北地区,很小就失去了父亲,跟着母亲在草原上长大。长大后,他继承了父亲的衣钵（bō）,成为智勇双全、骁（xiāo）勇善战的部落首领。最终,经过一系列的战斗,他率领本族统一蒙古各部,并建立了大蒙古国。

一战成名

铁木真的父亲本是草原上一个部落的首领,但他很早就被敌人杀害,铁木真母子也因此常常受人欺负,生活得非常困苦。但是,这些苦难反而磨炼了铁木真的意志,让他养成了坚韧不拔、无所畏惧的性格。铁木真十八岁那年,杀父仇敌再次来袭,还将他的家人全都掳（lǔ）走。愤怒的铁木真带着援军对敌人的部落发起了进攻。这一战,他不仅救回了家人,为父报了仇,还获得了大批的战利品。铁木真一战成名。

一代天骄，成吉思汗

公元 1206 年，铁木真被众人推举为大汗，还获得了"成吉思汗"的称号。接下来，他开始四处攻伐征讨，进行大规模扩张战争。公元 1219 年，他带兵西征，击败了许多强大的敌人，占领了中亚的大片土地，他的威名也因此远播亚欧大陆。成吉思汗的西征促进了东西方的交流，对世界产生了深远的影响。

为元朝的建立奠定基础

成吉思汗戎（róng）马一生，大部分时间都在征战四方、开疆拓土，但他对国家的管理并没有懈怠。他设置官职、建立军队、颁布法律、重用贤能、分封子弟，形成了一套完整的治国方略，为后代子孙建立元朝，打下了坚实的基础。

📖 知识加油站

"可汗"也叫"合罕""可寒"等，是古代突厥、蒙古、柔然、回纥等部落最高首领的称号。早在公元 3 世纪时，鲜卑族就已有"可汗"的称号。而"可汗"真正作为最高首领的称号，是从公元 394 年或稍后一段时间，柔然部落的政权建立者社仑自称"丘豆伐可汗"开始的。

朱元璋为什么被称为"草根"皇帝？

怎样才能实现"逆袭"？

呃……

"逆袭"第一步，自己建队伍！

从乞丐到开国皇帝

如果有人问，在中国历史上，谁的逆袭之路最成功？乞丐出身的明朝开国皇帝朱元璋（zhāng）一定榜上有名。元朝末年，他出生在一个穷苦人家，从小就要给地主家放牛，长大后还做过和尚和乞丐。不过，"英雄不问出处"，他最终建立了明朝，当上了皇帝，开创了"洪武之治"的繁荣盛世。

脱下"乞丐装"，投身"红巾军"

为了谋生，出身社会底层的朱元璋，曾到很多地方流浪。直到二十五岁那年，他加入"红巾军"，走上了农民起义的道路。因为朱元璋精明能干、作战勇猛，所以他很快便在军中崭露头角，并得到将领郭子兴的赏识。郭子兴去世后，朱元璋因受到众人的拥戴，被任命为左副元帅，这为他日后称帝铺就了道路。

明太祖朱元璋像

如何将队伍做大、做强？

朱元璋有了自己的队伍后，并未立刻称王称霸，而是奉行"高筑墙、广积粮、缓称王"的策略，开始在暗地里积蓄力量。为了获得百姓的拥护，他严禁士兵趁打仗时随意抢夺百姓的财物，伤害百姓的性命；为了打消降军的疑虑，他甘愿以身犯险，主动提出让他们为自己守夜；为了储备足够的军粮，他大力推行屯（tún）田法，鼓励军队在各地开垦良田、播种粮食，减轻百姓的负担……

灭掉对手，称霸天下

等到时机成熟时，朱元璋果断带兵攻打集庆，也就是后来的应天府，为自己赢得第一块稳定的地盘。之后，他用几年时间，先灭掉了盘踞（jù）在长江中游地区的陈友谅，接着又打败占据长江下游地区的张士诚，最后派人南征方国珍，再次大获全胜。公元1368年，40岁的朱元璋正式称帝，建立明朝，并在此后10年里逐渐统一了全国。

白手起家，我容易吗……

是我发明的！

腊八粥

💡 你知道吗？

你知道腊八粥是怎么来的吗？相传，朱元璋小时候常常吃不饱肚子，有一次他从老鼠洞里挖出米、豆、红枣等食物，就把这些东西合在一起煮成了粥，吃起来美味极了。做了皇帝后，他突然想起小时候的那种粥，就命御（yù）厨煮了一锅，正好那天是腊月初八，朱元璋就给它取名"腊八粥"。

为什么郑和下西洋是世界航海的壮举？

中国古代有航海王吗？

当然有，还超厉害呢。

明朝的"航海达人"

明朝初年，航海业发展得非常迅速。尤其明成祖朱棣（dì）当政后，为了积极发展邦交关系，便派遣（qiǎn）使者郑和乘船远航，去宣扬明朝国威。郑和是云南人，他不仅从小就对航海有着浓厚的兴趣，还有勇有谋，具有十分出众的外交才能。永乐三年（1405年）到宣德八年（1433年）之间，郑和曾七次奉（fèng）命下"西洋"，到达30多个国家和地区，创下了古代世界航海史上的空前壮举。

如此大规模的船队，前所未有

众所周知，航海离不开船队。郑和下西洋时率领的远航船队，堪称当时世界上最大规模的船队。据记载，规模最大的一次，二百余艘大船和两万余名船员组成。此外，船上还载有不计其数的金银珠宝，用以赏赐船队途经的国家，提高明朝的威信。

先后七次下西洋

在二十多年间，郑和顺利完成了七次远航任务，带领庞大的船队几乎访遍南洋地区所有的国家和岛屿。在这个过程中，他还组织士兵抗击海盗，抓住了不少在海上为非作歹的坏人。直到 15 世纪末，无论在航行的距离上，还是在远航的次数上，世界上没有任何一个航海家可以超越郑和，也没有任何一支海上力量可以超越中国。

影响深远的七次航行

郑和七次率领船队出海，不但促进了中外文化、政治、经济、贸易各方面的交流，更大大提升了明朝在整个南洋的影响力。在郑和出访的那些国家中，愿意友好往来的，会被赐予奖赏；反之也不勉强。这种和平互利的关系，令南洋各国纷纷前来朝拜，明朝盛世，无限风光。

为什么康熙被称为"千古一帝"?

康熙8岁就登基当皇帝啦!

你8岁时连字都认不全吧!

"超长待机"的皇帝

纵观我国历代王朝,在位时间最长的皇帝,当属清朝的第四位皇帝——爱新觉罗·玄烨(yè)了。不过,因为他的年号为"康熙",所以大多数人都习惯直接叫他"康熙"。你知道吗?康熙8岁登基,14岁亲政,直到69岁去世,在位整整61年,真可谓"前无古人,后无来者"啊!

哇,不愧是当了61年的皇帝的人,果然气质非凡!

笃学不倦,展现非凡才华

康熙自小勤奋好学,五岁时便开始读书识字,每天都要学习十多个小时,不知疲倦。据说,他不但能将经史子集、名篇佳作背得滚瓜烂熟,而且在小时候就能对学到的文章提出自己的见解。同时,他的书法、诗词、绘画也没落下,都可以算是小有成就。

天才真的是1%的天赋加上99%的汗水啊……

自然科学的爱好者

康熙博览群书，精通多民族语言，在位期间还曾广泛引进西学。据说，他是一位自然科学的爱好者，也是我国古代帝王中唯一一位认真学习过西方科学知识的皇帝。比如，他对数学、天文、地理、物理、化学、医学、工程技术等多个领域都曾研究学习，并将学到的知识应用于实践。

文理全能型天才，说的就是我！

数学 天文 书法 医学 地理 化学 物理 多门语言 工程技术

军事、政治才能顶呱呱

康熙是个文武双全的皇帝。少年时，他就巧妙设计，生擒（qín）了把控朝政的权臣鳌（áo）拜，并从他手中夺回大权。之后，他又平定三藩叛乱，收复台湾，驱逐盘踞在黑龙江流域的沙俄侵略军，平息准噶（gá）尔部叛乱，大力维护了清王朝的统一。同时，他重视农业生产，鼓励百姓垦荒，还曾颁布法令——"滋生人丁，永不加赋"，有效减轻了百姓的生活负担。

📖 知识加油站

康熙四十九年（1710年），三十位著名学者奉康熙的命令，开始《康熙字典》的编纂（zuǎn）工作。历时六年，这部伟大的著作在康熙五十五年（1716年）正式完工。《康熙字典》是我国第一部以字典命名的汉字辞书，更是中国古代收字最多的字典。

《乾隆平定台湾战图》〔清〕佚名

"开眼看世界"的第一人

只要睁开眼，世界就在眼前……

林则徐是谁？

林则徐是我国近代史上赫赫有名的民族英雄。此外，他还有多种不同的身份——政治家、文学家、思想家……当时，清朝奉行"闭关锁国"政策，不与外国往来，但林则徐却主动派人翻译外国书报，推开了认识世界的大门。

虎门销烟，认识西方

清朝末年，大量鸦片被走私到中国，中国百姓深受其害，许多人因此家破人亡。1839年，林则徐奉命到广州查禁鸦片。在百姓的大力拥护下，他带兵缴（jiǎo）获大量鸦片，并将其集中在虎门销毁，史称"虎门销烟"。这次销烟行动整整持续 23 天，共销毁鸦片两百多万斤，更是吸引无数当地居民和外国人到场参观。

在此期间，林则徐渐渐意识到自己对西方世界了解太少，便开始主动接触"洋务"，招募（mù）会英语的华侨（qiáo）和学生，想要更深入地认识西方。

"师夷长技以制夷"

林则徐对历史、地理、科技等方面都十分感兴趣。他赞同自己好友魏源提出的"师夷（yí）长技以制夷"的思想，认为清朝应该学习西方技术，造出自己的船和炮，才能真正保家卫国。但遗憾的是，林则徐的经世救国之志并未得到清政府的支持。1840 年，由于受到诬（wū）陷，他被革职，次年充军新疆。1850 年，他病死在赴广西督理军务的途中。

林则徐画像

林则徐与《四洲志》

在广东禁烟时，林则徐组织了一个班子，派专人收集和翻译外国的书报，并亲自主持编汇了《四洲志》一书。《四洲志》记录了亚洲、欧洲、非洲、美洲等 4 大洲 30 多个国家的地理、历史和政治情况，是近代中国第一部相对完整、比较系统的世界地理志书，林则徐也因此被称为中国近代"开眼看世界"的第一人。

哇，原来世界这么大！

💡 你知道吗？

林则徐不仅是一位杰出的政治家，还是一位大诗人和大书法家。我们熟知的"海纳百川，有容乃大；壁立千仞，无欲则刚"就是林则徐非常有名的自勉联之一。他的书法造诣也十分深厚，尤其是楷书、行书和草书，都自成一家，后人对他的很多书法作品都评价甚高。

地球上的原始生命

原始生命是从哪里诞生的呢？

原始生命跟"火锅"有什么关系？

我们说的"火锅"可不是现代人吃的火锅，它是科学家们正在研究的"原始汤"。19世纪末，进化论的奠基人达尔文在给一名植物学家的信中，提出了一个大胆的猜想：地球生命可能起源于一个温暖的小池子，而在这个小池子里面，有很多化学物质在不断地发生化学反应。达尔文所说的"温暖的小池子"指的就是"原始汤"。

地球是什么时候孕育出生命的？

地球孕育生命的过程神奇而又漫长。大约在46亿年以前，地球诞生了，但当时并没有生命的出现。又过了几亿年，地球上才有了原始生命——单细胞动物和藻类植物。我们现在看到的地球多姿多彩，有各种飞禽走兽、花鸟鱼虫，但原始生命的构造和种类却是相当简单的。

生命的诞生有多难?

在地球形成初期，环境非常恶劣，火山喷发、电闪雷鸣、倾盆大雨……说实话，光听着你都害怕了吧？不过，原始生命就是在这样的环境里诞生的。所以说啊，地球上能出现生命可真是太难得了！

为什么只有地球诞生了生命?

在太阳系的八大行星中，只有地球上存在生命，这多亏了它独一无二的生态环境：稳定的光照、能够使植物生长的土壤、富含氧气的大气层、丰富的水资源、适宜的温度……有科学家推测，金星和火星可能也孕育过生命，但是随着环境恶化，这些生命最终都消失了。

💡 你知道吗?

20世纪70年代，一群科学家乘坐"阿尔文号"深潜器探索太平洋时，在加拉帕戈斯群岛附近海域发现了一个奇异的景观：在两千多米深的海底，许多"黑烟囱"正往外喷着滚滚"浓烟"，看起来就像是一群迷你火山。后来，人们发现所谓的"浓烟"其实是热液水，而"黑烟囱"则是由热液水形成的堆积物。现在有很多科学家认为，原始生命就起源于海底的"黑烟囱"。

这是哪里呀？

人类是如何诞生的？

地球转了这么多年，我终于要闪亮登场了！

地球上什么时候出现了古人类？

地球自诞生已有大约 46 亿年的时间，但直到距今 180 万年—20 万年，地球上才出现了直立人（俗称猿人）。这样说来，其实人类存在的时间还不到地球年龄的万分之一，而地球的上一代霸主——恐龙，它们可是存活了大约 1.7 亿年之久！如果不是一场灭顶之灾让恐龙成为历史，古人类的诞生恐怕还得再推迟很多年。

古人类是怎么生活的？

古人类可没有我们现代人类的智慧和技能，他们的脑容量要比当今人类的脑容量小得多。你知道吗？一开始，猿人既不会说话，也不会写字，靠吃植物的块根和果实来填饱肚子。渐渐地，他们学会了制造和使用工具，懂得了取火和保存火种，并依靠狩猎来获得肉类食物。

一颗陨石就能毁灭地球霸主吗？

据说，大约在 6600 万年前，一颗名叫希克苏鲁伯的陨（yǔn）石撞击了地球。很多人认为它就是导致恐龙灭绝的真凶。可是，地球的直径约有 12 700 千米，一次来自陨石的撞击，真能对地球上的生物造成毁灭性的打击吗？其实，除了撞击带来的冲击波，更致命的是地球环境因此发生的剧变：喷发的火山、遮天蔽日的烟尘、食物的匮（kuì）乏……最终，恐龙这种大型动物走向了灭亡。

人类跟黑猩猩有什么关系？

黑猩猩是动物界最聪明的动物之一，它们手臂较长，双腿较短，两只手可以稳稳地握住物体，还能使用简单的工具。一般情况下，成年黑猩猩可以达到 3～4 岁孩子的智力水平。黑猩猩与人类的基因相似度高达 99%，它们是跟人类最相似的高等动物。大约 700 万年前，最早的古人类才与它们分离，并走上独特的演化道路。

咱俩的基因相似度高达 99%，为啥你是人，我是猩猩？

没想到身为地球霸主的我，也会有今天……

💡 **你知道吗？**

地球上还有恐龙的踪迹吗？虽然恐龙已经消失，但地球上的很多地方都还保留着珍贵的恐龙化石。通过研究这些化石，我们可以想象出它们那个时代的地球是什么样的。

从古猿到智人要过几关?

从古猿进化到智人真不容易啊!

第一关：时间的考验

　　作为最早用双足行走的原始人，南方古猿生活在距今约 440 万到 150 万年前；在解剖结构上与现代人类基本无二的晚期智人，则生活在距今约 4 万年到 1 万年前。古猿演化成智人用了数百万年的时间，也是在这个过程中，原始人学会了直立行走，并逐渐与其他动物有了不同的生存方式。

人类的进化

第二关：脑容量的考验

　　1960 年，在坦桑尼亚的奥杜瓦伊峡谷中，人们首次发现了能人的化石。能人介于南方古猿与直立人之间，是最早使用工具的人类，生活在距今约 260 万年到 150 万年前。南方古猿的脑容量为 404—530 毫升，能人的脑容量为 510—752 毫升，而早期现代人的脑容量基本在 1500 毫升以上。脑容量的不断增加，反映了原始人的智力水平和认知能力的不断提高。

南方古猿头骨

第三关：工具的考验

人类显然不是自然界中最强壮的生物。我们论速度跑不过羚羊、猎豹，论力气比不过犀牛、大象，也没有能力抵御狮子、老虎等猛兽的袭击。所以，人类不得不学会制作工具，用工具来保护自己以及更有效地获取食物。你知道大名鼎鼎的阿舍利手斧吗？它一端尖锐，一端钝厚，代表了古人类进化到直立人时期石器加工制作的最高技术。

老虎来了，也不敢小瞧我！

可以切割、剥皮啊！

直立人用这个阿舍利手斧干啥？

第四关：自然选择的考验

现今地球上所有的人类都拥有共同的祖先——智人，但和我们的祖先生活在同一时期的，还有其他的人属物种，比如尼安德特人、直立人等。他们同样拥有初级智慧，也具备制作与使用工具的能力。但科学家至今也无法准确解释，为什么他们全都在演化过程中灭绝了。

🖥 课堂小链接

元谋人是中国迄今发现的最早的古人类化石，距今 170 万年左右，因其发现地在中国云南省的元谋县上那蚌（bàng）村，因而得名"元谋人"。

除此之外，中国发现的古人类化石还有蓝田人（距今 115 万—65 万年）、郧（yún）县人（距今 90 万—80 万年）和北京人（距今约 70 万—23 万年）等。

原始人是怎样生存的？

原始人生活得真不容易啊……

原始人吃什么？

民以食为天，吃饱肚子始终是人类生存的第一需求。我们餐桌上一碗寻常的鸡腿饭，对原始人来说都是饕（tāo）餮（tiè）大餐。在原始社会时期，原始人主要依靠采集果实以及挖掘植物的块根来填饱肚子。如果想吃肉，他们就得冒着生命危险去捕猎动物。从茹（rú）毛饮血到学会用火、耕作，原始人还得走很长的一段路，才能吃到一碗香喷喷的鸡腿饭。

今晚就吃麻辣兔头！

内有猛兽 禁止入内

原始人住在哪里?

对人类来说,盖房子曾是一项高级技能。因为到距今 9000 多年前,在新石器时代,原始人才逐渐学会怎样修建房屋。而此前,在旧石器时代的几百万年里,人类为了躲避猛兽侵袭和雨雪风霜,会模仿其他动物,找一个安全舒适的山洞来"穴居",或者离开地面,爬到树上去"巢居"。

原始人穿什么?

不同于其他动物,人类在进化过程中既没有留下厚厚的皮毛,也没有长出丰富的羽毛,而是成了自然界中少见的、浑身光溜溜的生物。于是,人类想到可以利用树叶和兽皮来御寒和保护身体。在世界各地的众多古人类遗址中,我们都发现了骨针和穿孔的装饰品,这证明原始人至少在几万年前就学会了缝纫 (rèn)。

这才叫时尚……

原始人有交通工具吗?

在漫长的原始社会时期,我们并没有发现交通工具的踪影。这是因为原始人活动范围很小,需要搬运的重物也有限,所以他们对制造交通工具没有迫切的需求。船是最早出现的交通工具,不过因为时间久远,我们已无法得知到底是谁发明了它。

❓ 想一想

大自然中的动物们都本能地害怕火,原始人也一样。但是,在独特的演化过程中,人类逐渐掌握了使用火的方法,吃上了更容易消化的熟食,学会了用火照明、取暖,同时把火当作对抗野兽的"武器"。试想一下,假如我们回到不会用火的时代,我们的生活该有多糟糕呢?

看看原始人的菜单里有什么？

哇，原始人吃饭也是荤素搭配呀！

原始人最开始是吃素的？

400多万年前，最原始的人类刚刚诞生，这时他们吃的主要是植物的果实和块根。后来，他们学会制造和使用工具、懂得用火，便扩充了自己的菜单，将肉也作为了主要食物。简单地说，以前是"有什么吃什么"，后来是"想吃什么吃什么"。当然，也有学者认为，在学会狩猎之前，为了获取更多的能量，古人类会捡死去的动物吃。

原始人最爱吃什么肉？

在贵州省的贵安新区，考古学家发现了一处古人类遗址——招果洞遗址，里面出土了大量的动物骨骼。这证明在整个旧石器时代晚期和新石器时代，古人类就已经拥有一份丰富的肉食菜单，其中包括鹿、麂（jǐ）、獐（zhāng）子、野猪、螺蛳（sī）、鱼、蚌（bàng）等。其中，陆生动物主要以鹿类为主，鹿肉算是当之无愧的"人气王"。

原始人学会用火烹制食物

原始人过了很长一段茹毛饮血的日子，那时，他们的牙齿和消化系统都适应了吃生食。约78万年前，原始人开始用火烹（pēng）制食物。据说，一些学者曾在以色列的一处古人类遗址中发现了用火痕迹以及某种鱼的遗骸（hái）。他们推断有人在这里烹制过鱼肉。熟食的出现，不仅让原始人吃得更香了，更重要的是延长了他们的寿命，加速了他们的进化。

知识加油站

生活在高纬度地区的原始人，菜单里的肉食比例也很高哦！这是因为纬度越高，气候会越冷，为了保证身体有充足的热量，当地的原始人就会吃更多的肉食。

远古菜单更健康吗？

随着原始人的演化，他们的菜单也变得越来越丰富，有水果、蔬菜、坚果、野草、鱼、肉、贝等。听上去感觉荤素搭配很健康，但实际上他们并不能保证自己天天都能吃饱。恶劣的生存条件迫使原始人养成了不挑食的好习惯，有什么就吃什么。

人类为什么会有不同的肤色？

爸爸妈妈都是白皮肤，为啥我这么黑？

??？

人类的祖先是什么肤色？

几百万年前，人类的祖先古猿和黑猩猩走上了不同的演化道路。那时，古猿除了面部、手脚等少量裸露的皮肤为粉红色，其他部位都因被浓密的毛发所覆盖而导致肤色很浅。有学者认为，在距今大约 150 万年前，随着全球气候变暖，古猿的大部分体毛已经消失。与此同时，生活在非洲地区的古猿进化出了深色皮肤，因为黑色素能够帮助他们抵御紫外线的伤害。

小麦色更酷啊！

最近严重脱毛，皮肤都变黑了……

人类的肤色是由什么决定的？

人类的肤色主要由皮肤表层的色素决定，而人类正是通过基因调控皮肤中黑色素的含量，来平衡紫外线带来的益处和伤害。有学者认为，在大约 10 万年前，智人开始走出非洲。进入高纬度地区的智人，需要穿上厚厚的衣物御寒，也因此远离了炙（zhi）热的阳光，身体对黑色素的需求变小，久而久之，他们的肤色就变浅了。

不同肤色的人有区别吗?

　　不论是黑色皮肤、黄色皮肤还是白色皮肤,所有人类的基因都是相似的。不同的肤色,只是不同地区的人类因为适应环境而自然选择的结果。因此热带地区多是黑种人,亚热带地区多是黄种人,温带及寒带地区多是白种人,他们各有特点,但都有同一种身份 —— 地球人。

这么多肤色,都是我的功劳啊……

你知道吗?

　　人类的祖先其实最早生活在非洲。人类作为灵长类动物,对温度非常敏感。当地球在极为寒冷的冰期时,其他遍布各大洲的灵长类动物几乎全部冻死了。只有非洲靠近赤道的地区,因常年受太阳直射,还保留着适宜生存的条件,一些生活在这里的古人类才得以幸存并繁衍(yǎn)下去。

人类为什么要群居?

原始人为什么会群居?

人类在自然界中并不算是天赋突出的。在原始社会，人类作为杂食动物，论奔跑速度不如大部分食草动物，论捕猎能力不如食肉动物，他们不能像鸟一样在天上飞，不能像鱼一样在水中游……因此，单个人类的力量非常弱小，难以获取足够的食物，也无法保护自己的安全。于是，为了生存和繁衍，原始人保留了古猿的习性，选择继续成群结队地生活在一起。

看我一个人多逍遥、多自在!

可你也很孤单啊……

有本事来"单挑"啊!

奔跑冠军也白搭，架不住我们人多势众……

群居为什么对人类有益?

群居这种生活方式能促进人类社会不断进步。通过群居，人类学会了分工协作以及建立秩序和规则的方法，在群体中新知识、新技能也得到了快速的传播。正是这样，人类整体的演化水平才会渐渐超过其他动物，最后站到了食物链的顶端。

群居对人类"幼崽"重要吗？

在自然界，很多食草动物的"幼崽"刚出生就能站立和奔跑，食肉动物的幼崽长到几个月就能跟随父母去追捕猎物。可是，婴幼儿时期的人类非常弱小，他们只能高度依赖成人的养育，这让本就缺衣少食的原始人不堪重负。群居的人类可以通过分工协作，提高捕猎、采集的效率，获得更多的食物，从而有更多的精力去养育孩子。

💡 你知道吗？

看上去十分凶狠的狼，其实也是一种群居动物。特别是在捕猎的时候，狼群会互相配合，集体作战。但同时，狼又有很强的领地意识，不会允许其他族群的狼侵犯自己的地盘。

只有人类群居吗？

当然不是啦！除了人类，自然界中还有很多喜欢群居的生物，既有像蜜蜂、蚂蚁这样的小家伙，也有像狮子、大象这样的大块头。群居让它们有力量去保护同伴，抵御外界的危险。不过，人类确实是群居生物中最聪明的那一类。

文字是怎样出现的？

文字让人类文明又
向前迈了一大步！

文字是怎样形成的？

在文字出现之前，很多原始人都不约而同地有用绳子打结、在墙上刻划痕、画图等方法来记录的习惯。不过渐渐地，他们发现结绳、刻划痕表达不了丰富的信息，画图又太费时、费力，于是想到用符号来表示特定的事物。久而久之，原始文字就形成了。不过，此时的文字还不能完整记录语言。

你欠我3个鸡腿，
啥时还？

我明明已经还了，
你看我有证据！

世界上最古老的文字是什么？

文字是记录语言的符号。世界上最早的象形文字就是利用图形来表达，因为这些文字与所代表的东西在形状上很像，所以叫象形文字。这也是一种原始的造字方法。

大约在公元前3200年，苏美尔人在象形的基础上创造了楔（xiē）形文字。这种文字通常被刻在泥版上，并因其笔画、形状酷似楔形而得名。楔形文字也是目前公认的最早的人类系统文字。

卡纳克神庙中的古埃及象形文字

世界上有哪些自源文字？

顾名思义，自源文字就是自己独立发展的文字，比如古代两河流域的苏美尔楔形文字、尼罗河流域的古埃及文字、拉丁美洲的玛雅文字和黄河流域的汉字。自源文字的一大特点就是拥有独创的文字形状和体系。

古人把汉字写在哪儿？

殷（yīn）商时期，我们的祖先将甲骨文刻在龟甲和兽骨上。后来，随着时代的发展，汉字出现在越来越多的地方，比如青铜器上、陶器上、竹简上、帛（bó）上、纸上等。东汉时期，蔡伦改进了造纸术，制作出了质量好、价格低的纸张，这不仅为中国，也为全世界带来使用更加便捷的书写载体。

💡 你知道吗？

传说，在很久以前，黄帝的史官仓颉（jié）通过观察鸟兽鱼虫的痕迹、天上星宿（xiù）的分布、地上山川的脉络等，创造出了汉字。

人类的语言是怎样产生的？

@%……&* ￥%& ！

你说的是玛雅语吗？

最原始的语言是怎样诞生的？

　　大自然中的动物种类有千千万，但真正会说话的只有人类。语言将人类与其他动物区别开来。自从古人类学会直立行走和用火，他们大脑的进化速度也加快了，每个人之间的交流也变得更加频繁。在这个过程中，原本没有意义的叫喊，逐渐变成了可以表达意思和情感的声音。于是，人类最原始的语言诞生了。

人类语言的起源地之谜

　　真正意义上的人类语言到底源自哪里，至今仍是个无法破解的谜题。有些人认为，人类语言可能全部起源于非洲；有些人认为，人类语言的起源地最有可能是在亚洲；还有人认为，人类语言应该有多个发源地。

语言是我们区别于其他动物的标志之一。

Merhaba

Bonjour

动物也有"语言"，只是你听不懂而已……

人类的发音器官是怎样进化的？

不论语言如何演化而来，发音器官一定是不可或缺的。研究发现，人类的喉部位置比其他近亲低得多，这不仅有助于人类发出不同的语音，还能让人说话的时候保持气流的畅通，因此人类发出的声音更为清晰。德国语言学家还发现，在人类演进的过程中，食谱的改变先是影响了牙齿的生长，导致上排牙齿比下排牙齿稍微靠前，这就让人类能发出"f""v"的音节。

语言是怎么传播的？

语言一旦产生，就会凭借本民族的文化影响力而向外传播。比如，唐朝时期，随着丝绸之路的兴盛，很多外国人都通晓汉语；而在16世纪到20世纪初，由于英国对外进行了大规模的殖民扩张，很多地方的本土语言都遭到了严重的侵袭，甚至被英语所取代。

知识加油站

世界上现存的语言超过7000种，但由联合国评选的世界通用语言只有6种：英语、汉语、法语、俄语、西班牙语和阿拉伯语。英语是全世界使用范围最广的语言，而汉语是世界上使用人数最多的语言。

Привéт

Guten Tag

こんにちは

Hola

Habari

你好

Hello

奴隶和贵族是怎样出现的？

奴隶社会根本没有公平可言！

什么样的人会成为奴隶呢？

在人类文明发展的早期，奴隶制度盛行，古埃及、古希腊、古罗马、古巴比伦等国家都有大量的奴隶。因为破产、犯罪或者被俘虏，这些人失去了自由，成为"会说话的工具"，可以被自己的主人随意出卖或杀死。

到 17、18 世纪，随着大航海时代的到来，为了获得丰厚的利润，欧美商人将廉价工业品运到非洲换取奴隶，并将他们运到美洲卖掉。在这个过程中，无数奴隶死于非命。

什么时候能有出头之日啊！

别偷懒，赶快给我干活！

别做梦了……

奴隶主和奴隶的矛盾有多深？

古希腊和古罗马作为最典型的奴隶制国家，奴隶主常常使用暴力手段去强迫奴隶绝对服从自己，无偿为自己劳动，并掌握他们的生杀大权；而奴隶没有人身自由，他们被迫无偿劳动，生活极端困苦。为了发泄对奴隶主的仇恨情绪，奴隶们常常破坏生产工具，甚至杀死穷凶极恶的奴隶主。此外，奴隶成批逃亡也是常有的事。

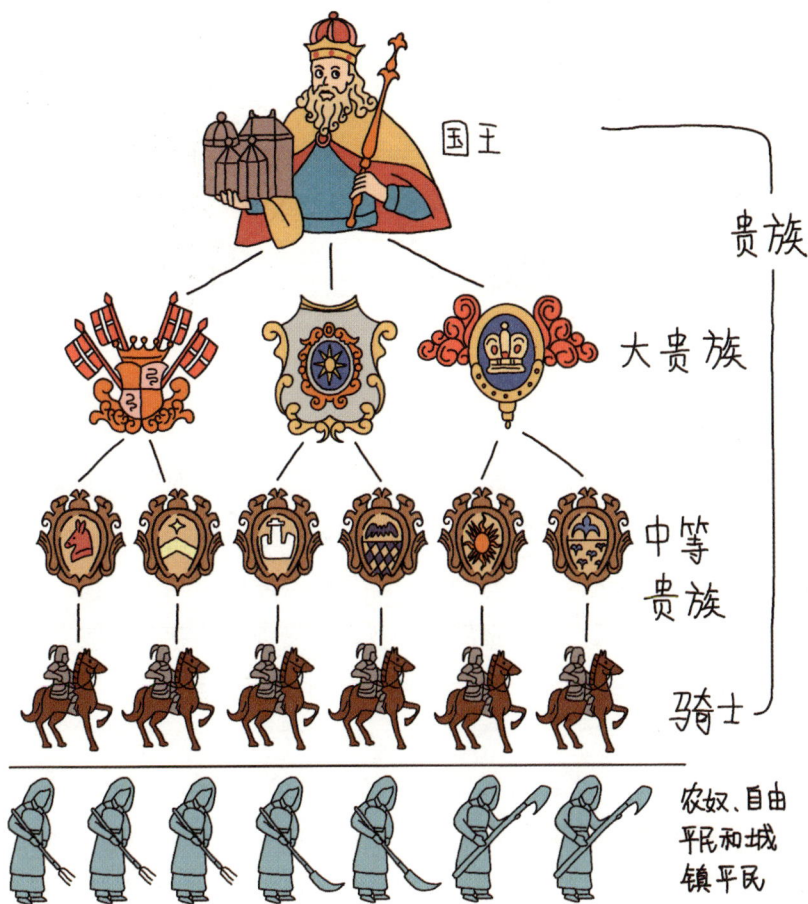

西欧封建等级图

什么样的人是贵族呢?

让我们先来明确一点:从奴隶社会开始到现在,贵族一直存在。在奴隶社会,奴隶主贵族掌握国家的统治权,并拥有大量的奴隶;在封建社会,贵族一般拥有世袭爵(jué)位,并在一个区域里掌握权力;时至今日,在一些君主国家仍有贵族存在,比如英国、日本、泰国等,不过他们的影响力已经远远不如从前了。

欧洲封建贵族的等级

根据被授予的爵位,不同的贵族拥有不同的头衔,如公爵、侯爵、伯爵、子爵、男爵等。在西方封建社会,爵位通常代表了一个人的社会地位和权力。其中,公爵的等级最高,可以拥有世代相传的特权;而男爵的等级最低,在一些情况下不能拥有世代相传的特权。这些爵位的授予和传承方式都与当时的社会制度密切相关。

早期城市是怎样形成的？

第一次进城，真让人眼花缭乱！

早期城市是怎样出现的？

关于城市的起源有很多种说法。有的说，古代战争不断，人们为了保护自身安全而聚集在一起，因此有了早期的城市；有的说，随着原始农业发展得越来越好，人口开始迅速增长，久而久之，城市就出现了；还有的说，随着社会发展，除了捕猎、采集和种植，人们还学会了冶（yě）炼、纺织，大家聚集在一些地方交换用不完的东西，使得这些地方有了早期城市的雏（chú）形。

世界上最早的城市在哪里？

世界上最早的城市在哪里？人们至今尚未形成共识。不过，目前大多数学者都认为，约 5000 年前，苏美尔人在西亚两河流域南部建立了世界上最早的城邦 —— 乌鲁克。你知道吗？城邦比城市大，它通常由一个中心城市和其周围的村镇组成。考古资料显示，乌鲁克的土地肥沃松软，利于种植，人们曾在这里修建了城墙、宫殿和神庙等。

古代苏美尔文化

为什么早期城市都诞生于河流附近？

很久以前，人类的生产力水平低下，河流不仅能为人类提供生存必需的水源，它两岸的土壤也往往比较肥沃，适合种粮食，能让人类有机会获得更多食物。除此以外，河流附近的地势比较平坦，气候比较温和，有利于人类生存。所以，久而久之，越来越多的人围绕河流聚集，并在此建起了城市。

中国最早的城市在哪里？

位于湖南省常德市的城头山遗址，被誉为"中国最早的城市"，它是迄今我国唯一发现的时代最早、保存最完整的古城遗址。研究显示，城头山的城市存续了2000多年，最后可能是因为战争、洪水或城市居民的集体迁徙而被废弃。

课堂小链接

苏美尔文明是世界上最古老的文明之一，它出现在底格里斯河和幼发拉底河流域。中国也有"两河文明"，我们的祖先在黄河和长江流域也创造了辉煌的文明。

城头山文化遗址

古埃及的国王为什么叫"法老"？

"法老"是对古埃及国王的尊称。

"法老"是谁？听上去很厉害！

"法老"原本指的是宫殿？

"法老"是希腊语的音译，原本的意思是"大房子""大宫殿"，后来才逐渐演变为对古埃及国王的尊称，好比中国古代称皇帝为"陛下"。法老作为古埃及最大的统治者，拥有至高无上的权力，他们称自己是"太阳之子"，要求所有臣民都要像崇拜神一样敬奉他们。

金字塔就是法老的陵墓？

金字塔是法老权力的象征。古埃及时期的人们普遍相信人有来世。于是，法老为了让自己来世还能继续享受荣华富贵，往往生前就开始动用大量人力、物力，为自己修建雄伟的金字塔作为陵墓。在埃及众多的金字塔中，以古埃及第四王朝法老胡夫的金字塔最大，它高达 146.5 米，据说用 230 万块巨石堆叠，历时约 30 年时间建造而成，被称为"世界七大奇迹之一"。

只有法老能被制成木乃伊吗?

把尸体制成木乃伊是古埃及人保存尸体的一种方法。法老死后，人们会用特殊的防腐药品，将他的尸体制成干尸，令他能被长久地保存下来。当然，不只法老，贵族、平民甚至陪葬的动物也都有可能会被做成木乃伊。

生为古埃及的甲壳虫，这是我最大的使命！

我任命你为我的心脏守卫！

英年早逝的埃及法老——图坦卡蒙

提起埃及法老，很多人都会想到九岁登基、十九岁便神秘离世的第十八王朝法老图坦卡蒙。这位英年早逝的法老，死后陵墓没有被任何盗墓者侵扰过，保存十分完好，直到 1922 年才被考古专家发现。在所有帝王谷的陵墓中，他的陵墓是最奢华的一个。他的棺材用黄金打造，脸上戴着黄金面具，身边有成千上万件珠宝和精美的手工艺品作为陪葬品。不过遗憾的是，截至目前，科学家还无法给图坦卡蒙的死因下定论。

图坦卡蒙陵墓中的陪葬品

💡 你知道吗?

"谁要是干扰了法老的安宁，死亡就会降临到他的头上。"这是法老图坦卡蒙的陵墓上镌（juān）刻的话。相传，当时参与陵墓发掘的二十多人后来接连丢了性命，法老的"诅（zǔ）咒（zhòu）"是真的吗?

实际上，这些人的死亡原因是可以用科学解释的：墓葬中可能存在一些会致病的真菌，随处可见的壁画中可能含有剧毒成分，建造金字塔的石料也可能带有放射性物质……总之，所谓的"诅咒"，只是人类的想象和猜测罢了。

"泥堆上的文明" 为何消失了？

没文化了吧，这是汉穆拉比法典……

这根圆柱上的字我一个也看不懂！

"泥堆上的文明" 由何而来？

公元前 1894 年到公元前 1595 年，阿摩利人苏姆·阿布在美索不达米亚平原上建立了古巴比伦王国。"美索不达米亚"在古希腊语中意为"两条河中间的地方"，而这两条河指的是幼发拉底河和底格里斯河。当这两条河泛滥时，会在中下游地区留下厚厚的淤泥，使土壤变得肥沃。在两河流域文化中，人们最早使用的容器是用泥制造的，最早的书写材料是泥版，最早的建筑材料是泥，而最终埋葬这段文明的，还是泥。

泥版上诞生的楔形文字

由于两河流域盛产黏（nián）土，黏土晒干或用火烤干后又便于保存，古巴比伦人往往就地取材，把黏土制成一块块泥版，这就是他们的"纸张"了。这里的人们使用芦苇角或木棒在泥版上按压刻字，使得这些字的笔画看上去就像钉头或箭头的楔状，楔形文字因此得名。

这些泥版比起我们今天的纸张不知要重多少倍，但这种特殊书写材料也有好处，就是不怕发霉、不怕火烧，也不怕蛀虫啃噬（shi），这也使得它们能够长久保存。

刻在石柱上的《汉穆拉比法典》

古巴比伦王国的第六位国王汉穆拉比开创了一个黄金时代。公元前 18 世纪，他颁布了《汉穆拉比法典》，正文共有 282 条，包括了诉讼手续、财产权、租佃（diàn）关系、继承、买卖奴隶等各个方面的内容，是世界上迄今完整保存下来的最早的一部法典。由于这部法典用楔形文字刻在一根高约 2.25 米的黑色玄武岩圆柱上，所以又名"石柱法"。这部法典现存于法国卢浮宫博物馆。

你孤陋寡闻了吧，我是在写日记啊！

你都多大了，还玩泥巴？

古巴比伦为什么消失了？

大约在公元前 16 世纪，喀（kā）西特人对古巴比伦王国发起了侵略。这场残酷的战争给古巴比伦以沉重的打击，古巴比伦由此衰落。约公元前 1595 年，古巴比伦最终被赫梯王国所灭。

实际上，导致古巴比伦消失的间接原因有很多，环境变化是其中一个重要诱因。原本，美索不达米亚平原土壤肥沃，利于种植，但随着人口增加，人类对自然资源的掠夺导致水土流失，粮食不足，进而引起国内动乱和外敌入侵，最终被新兴文明所取代。

💡 你知道吗？

古代世界七大奇观之一的"空中花园"，是由新巴比伦王国国王尼布甲尼撒二世为爱妃所建。据说这个花园采用立体叠园手法，在高高的平台上，分层重叠，层层遍植奇花异草，并埋设灌溉用的设施。从远处望去，花园如悬在空中，故称"空中花园"。可惜的是，这座"空中花园"也随着巴比伦城的沦陷而最终倒塌了。

为什么罗马人那么爱打仗？

我要征服世界……

搞笑，世界需要的是和平！

关于罗马城的传说

相传，一位国王的弟弟篡（cuàn）夺了王位，并将国王女儿生下的两个男婴扔进河里，让他们自生自灭。不料，一只在河边喝水的母狼衔走了兄弟俩，还用自己的乳汁喂养了他们。后来，兄弟俩又被一个好心的牧羊人抚养。他们长大后成功复仇，推翻了篡位者，并在老国王赏赐的土地上建立起一座新的城市。兄弟俩又经过一番争斗，最终哥哥杀死弟弟，并以自己的名字为新城命名。这就是罗马城的由来。

妈妈，我饿。

妈妈，我也饿。

在不断扩张中变强大

公元前 5 世纪初，罗马共和国诞生了，这时它的领土面积还很小，人口也比较少。之后，罗马共和国开始东征西讨，四处侵略，在近 5 个世纪里不断地对外扩张。公元前 27 年，罗马共和国灭亡，屋大维当上罗马帝国的开国之君。公元 114 年，罗马帝国的面积约 650 万平方千米，人口可能达到 7000 万。

我们的领土就是这样一点一点打下来的！

罗马是怎样成为地中海霸主的?

最初的罗马也面临外族侵扰的困境,曾经历过惨败。但在频繁的战争中,罗马不断地学习其他国家的军事技术,培养出一支强大的军队。公元前146年,在经历了三次大战后,罗马人最终战胜了迦(jiā)太基人,攻陷了迦太基城,成为地中海霸主。

可以通过战利品发家致富!

罗马人为什么爱打仗?

在古代,罗马贵族要通过军功来赢得荣誉、权势和影响力,罗马平民也同样渴望通过获得战利品来改善生活。为了创造更多的利益,罗马帝国自建立后仿佛一台加满油的战争机器,不断对外扩张领土,在地中海沿岸攫(jué)取了巨额的黄金和白银。

💡 你知道吗?

斗兽场作为罗马最知名的景点之一,它原本叫弗拉维圆形剧场。因为过去这里经常举办各种庆典和竞技表演,而竞技表演中又以"人兽大战"出现的频率最高,所以久而久之,人们便把这里称为斗兽场了。

为什么玛雅文明 如此神秘？

玛雅文明为啥那么历害？

说不定有外星人帮忙……

玛雅文明发祥于哪里？

玛雅文明因其为印第安玛雅人所创而得名，是发祥于中美洲地区的古代印第安人文明。玛雅文明大约存在于公元前 26 世纪至 15 世纪之间，在公元 3 到 9 世纪进入全盛期，10 世纪后期开始衰落，16 世纪时被西班牙殖民者毁灭。在这漫长的历史中，玛雅人从来没有建立起一个统一的国家，而是分散居住在大大小小的城邦里。玛雅文明曾覆盖如今的墨西哥东南部、危地马拉和洪都拉斯等国家。

玛雅文明如此神奇

玛雅文明处于新石器时代，那时候没有金属工具，没有运输工具，更没有先进的观测设备，玛雅人却凭借原始的生产工具创造出了伟大的文明。千年之前，玛雅人就掌握了日、月、金星的运动规律，还创造了精确的历法。不仅如此，他们还创造了自己的象形文字，修建了华美的神庙、宫殿和其他建筑物。

玛雅人也有自己的"金字塔"

奇琴伊察古城位于墨西哥南部的热带雨林中，是研究玛雅文明的重要遗址。这里散落着大量壮观的石砌"金字塔"，与埃及金字塔不同的是，它们四周都分别修建了楼梯，且每座楼梯的台阶数都是固定的。大多数学者认为，玛雅人的"金字塔"主要用于祭祀活动。

玛雅文明为什么衰落了？

虽然玛雅文明最后是被侵略者毁灭的，但它的衰落至今仍充满神秘色彩。对此，许多学者提出了自己的看法，比如各城邦之间的战争、生态环境的恶化、传染病的流行、自然气候的变迁等原因导致玛雅文明逐渐衰落。不过，相比这个，似乎地球人更关心的是——玛雅文明真是外星人创造的吗？但这个问题至今没有人能够回答。

💡 你知道吗？

玛雅人数学思维高度发达，至少在公元元年前后便掌握了"0"这一数字概念，比阿拉伯人、中国人和欧洲人都要早得多。此外，他们还创造了20进位的计算法。

为什么古希腊是西方文明的摇篮？

等我长大了，是当战神、火神，还是海神呢？

令人着迷的古希腊神话

说到古希腊神话，它在西方国家可是拥有大批"粉丝"，宙斯、雅典娜、普罗米修斯都是人们耳熟能详的神灵。古希腊神话既有趣又深刻，我们现在熟知的很多著名比喻，比如斯芬克斯之谜、阿喀（kā）琉斯之踵（zhǒng）、潘多拉的盒子等，都出自这里。

辉煌灿烂的古希腊文明

大约在公元前 3000 年到公元前 2000 年，爱琴海地区诞生了爱琴文明。大约到了公元前 11 世纪，海上民族的入侵和自然灾害等多方面原因导致爱琴文化消失。

之后，在公元前 8 世纪到公元前 6 世纪之间，他们在这里建立起奴隶制城邦，开始广泛使用铁器，并进行海上贸易。这一时期，他们还通过改造腓尼基字母发明了自己的文字——希腊字母。

然而，在公元前 146 年，由于古罗马的入侵，古希腊最终走向了灭亡。

古希腊人用勇敢和智慧开创出了灿烂文明，尤其是在文学、艺术、哲学诸领域取得了非凡的成就，这对古罗马和后世的欧洲产生了深远的影响。

古希腊有哪些"名人"？

众神之王宙斯、智慧女神雅典娜、盗取火种的普罗米修斯、掌管艺术和科学的缪（miù）斯……希腊神话里的这些"名人"，你应该都不会陌生。在现实世界中，古希腊也同样涌现出很多名字如雷贯耳的人物：苏格拉底、柏拉图、亚里士多德、欧几里得、阿基米德……这些先贤不仅大大推动了西方文明的发展，也为人类文明的发展作出了贡献。

古希腊对西方文明的影响有多大？

英国著名诗人雪莱曾经说过："我们都是希腊人，我们的法律、文学、宗教、艺术的根都在希腊。"不夸张地说，西方的艺术、宗教、文学、哲学乃至科学的源头，几乎都可以追溯（sù）到古希腊。在罗马帝国攻陷古希腊后，这些征服者学习并继承了古希腊文化，并将它播撒在更广阔的土地上。

📖 知识加油站

公元前 776 年，古希腊举办了人类历史上的第一届奥林匹克运动会。之后，此盛会每四年举办一次，直到公元 393 年被罗马皇帝废止。1896 年，在法国人顾拜旦的倡议下，第一届现代奥林匹克运动会在希腊雅典顺利拉开帷幕。而今天，这项体育盛会已经得到全世界的关注。

璀璨的中国古代文明

真想亲眼看看中国的古代文明……

独一无二的原生文明

人类历史上曾诞生过许多原生文明，比如苏美尔文明、埃及文明、印第安文明、中华文明……但是，在时代的"大浪淘沙"下，唯独中华文明历经艰难，从新石器时代、青铜时代、铁器时代一路走来，未曾中断，延续至今。

不可不知的重要遗址

在漫漫历史长河中，中国古代文明留下了浩如烟海的文化遗产，不仅为中华文明的成长提供了肥沃的土壤，更为人类文明作出了不可磨灭的贡献。

现在，让我们来分享两个重要的历史遗址！

良渚（zhǔ）古城遗址：它发现于 1936—1937 年，由此诞生的良渚文化属于中国古代文明的一部分。良渚文化存在于约公元前 3300 年—前 2200 年，也就是新石器时代的晚期，它的存在证实了中华文明的确已经延续了 5000 多年。

陶寺遗址：它发掘于 1978 年，由此诞生的陶寺文化也属于中国古代文明的一部分。陶寺遗址的存在表明，约公元前 2500 年—前 1900 年，早期国家和王权就已经出现。

良渚文化
（公元前3300年—前2200年）

陶寺文化
（公元前2500年—前1900年）

我能证明中华五千年的新石器时代人类文化史！

我能证明"历象日月星辰，敬授人时"的真实历史背景！

远不止"四大发明"的科技成就

说起中国古代的发明创造，谁会不知道"四大发明"——造纸术、印刷术、指南针和火药呢？不过，它们可远远不足以概括中国古人在科技上取得的伟大成就。酿酒、养蚕、温室栽培、小孔成像、潮汐表、火箭……都是中国古代的科技发现。

哇，不止有四大发明啊！

干支纪年、小孔成像、经脉学说、勾股容圆、天象记录、潮汐表、养蚕、人痘接种术、曾侯乙编钟、长城……

各时期文明里的"优等生"

商朝时期，中国第一次详细记载了日食和月食；

春秋战国时期，中国发明了铸铁柔化技术，领先欧洲约 2000 年；

西汉时期，中国发明了铁犁壁——一种可以帮助农民耕地的装置，代表了当时先进的农业技术水平……

此外，在古代，中国还修建了世界上最长的城墙——万里长城、世界上最长的人工运河——京杭大运河、世界上最大的宫殿群——故宫……

中国古代文明是如此丰富多彩、灿烂辉煌，就算说上三天三夜也说不完！

工业革命是如何开始的？

机器会不会让
人类失业？

当机器取代人力

18 世纪 60 年代，英国的手工业发展得很快，光靠人力已经不能满足市场的需求了。怎么办呢？人们想到可以利用机器。后来，蒸汽机被发明出来，经过改良后广泛使用于各个领域。这也标志着机器取代了人力，第一次工业革命由此开始，人类从此进入蒸汽时代。

铁路时代的来临

在 19 世纪的初期，铁路运输的雏形已经出现，但是这时的铁轨是木制的，车厢也是靠马匹牵引前行的。

直到 1825 年，这一局面迎来了历史性的转变。由史蒂芬孙设计的蒸汽火车，首次以 24 千米的时速成功载运了 450 名乘客，这标志着铁路时代的正式来临。

生产领域的大变革
要来啦……

第一次工业革命

珍妮纺纱机

蒸汽机有多重要？

我们日常生活中很多不可或缺的现代化工具，比如飞驰在铁轨上的火车，就源于蒸汽机的推动。蒸汽机的发明和广泛应用最直接的影响，就是让当时的人们从依靠水力和人力转向机械动力，让大规模的工厂生产取代了过去的个体手工生产，从而大大推动了社会生产力的发展。

为什么是英国率先发生工业革命？

英国本来和其他国家一样处于农业社会，但"光荣革命"让英国建立了君主立宪制，因此先于其他国家形成了有利于工业发展的政治环境、军事环境和社会环境。大名鼎鼎的瓦特蒸汽机以及纺织业的重大突破——珍妮纺纱机，都是英国工业革命的产物。

工业革命还在继续

第一次工业革命早已结束，但人类社会的工业革命进程还远未终止。从蒸汽时代迈入电气时代，再到信息时代、智能时代；从蒸汽机到内燃机；从电子计算机到人工智能、清洁能源……今天的我们正在经历第四次工业革命。

社会生产力在不断要求进步，而生产力的每一次进步都会推动人类社会向前发展。

改良蒸汽机

发明火车

💡 你知道吗？

珍妮纺纱机是由一名英国纺织工发明的，但这位纺织工并不叫珍妮，而是詹（zhān）姆士·哈格里夫斯。珍妮机是用他女儿的名字来命名的。珍妮机的发明和使用，极大地提高了当时的纺纱效率。

人类为什么要航海？

人类对海洋的痴迷

从太空看地球，它是一颗湛蓝色的星球。这是因为陆地只占地球表面积的29%，而海洋却占71%。从很久以前开始，人类就对海洋充满了兴趣，并想尽一切办法去探索海洋，而海洋也为人类的生存和发展提供了丰富的资源，孕育出了多姿多彩的海洋文化。海的那边有什么？这个问题曾深深地吸引着人类。

海的那一边有什么？

去看看！

知识加油站

在"地理大发现"以前，郑和七下西洋，曾是世界历史上规模最大的一系列海上远航。2005年7月11日，是郑和下西洋600周年的纪念日，我国正式将每年的7月11日定为"中国航海日"。

哇，郑和第一次下西洋，比哥伦布横渡大西洋还早好几十年呢……

中国古代的航海有多牛？

远古时期，我们的祖先就先后制造出了独木舟和木筏（fá）。

殷商时期，据甲骨文记载，商王武丁曾派人乘船去海上追捕逃跑的奴隶。

汉武帝在位时，开辟了南海—印度洋航线，标志着海上丝绸之路的出现。

隋唐时期是中国航海发展的鼎（dǐng）盛时期，尤其在唐朝的全盛时期，中外商船频繁航行于中国、印度和阿拉伯之间。

宋元时期，罗盘开始应用于航海，那时的航线已经可以一路远航到东非沿岸。

进入明代以后，在永乐三年（1405年）到宣德八年（1433年）之间，郑和曾奉命率领船队七次下西洋，这也是中国古代航海事业的巅（diān）峰时期。

什么是"地理大发现"?

公元 15 世纪到 17 世纪，欧洲航海者不仅在海上开辟了新航路，还发现了海那边的新大陆。这一时期在历史上被称为"地理大发现"。而其中发生的很多历史事件至今仍被人津津乐道：1492 年，意大利航海家哥伦布横渡大西洋到达美洲；1498 年，葡萄牙航海家达·伽马绕过非洲好望角远航印度；1519 年—1522 年，葡萄牙航海家麦哲伦率领的船队中的一支"维多利亚"号，完成了第一次环球航行……对当时的欧洲而言，新航道的开辟和新大陆的发现不仅增加了人们的地理知识，还为许多国家创造了难以想象的巨额财富。

"地理大发现"对世界有什么影响?

一方面，"地理大发现"让东西方的贸易和文化交流变得更加频繁，大大促进了人类航海技术的发展；另一方面，欧洲也由此开始在世界各地建立起殖民地，进而疯狂掠夺当地的资源，给被殖民的国家带来了巨大而深重的苦难。

"地理大发现"，你们了解多少?

动物和植物也跟着人类满世界走!

哥伦布发现了新大陆!

开始抢土著的土地和资源!

大航海时代

呃……我会玩这个游戏……

人类的"飞天梦"

在天上飞是什么感觉？

飞天只是个梦？

人类一直憧（chōng）憬（jǐng）着能像鸟儿一样在空中自由飞翔，但对人类来说，长出一双真正的翅膀显然不可能。于是，古人便把飞行视为神的超能力之一，这在很多国家和民族的神话传说中都有所体现，比如长着翅膀的天使、佛教壁画或石刻中的飞天等。

自制翅膀的"飞行人"

在神话传说中，用自制人工翅膀飞行的故事不胜枚举。比如，在古希腊神话中，一个叫伊卡洛斯的人就用蜡和羽毛做了翅膀，从一个海岛上飞了出去。

可你知道吗？在真实的历史中，还真出现了不少戴着自制翅膀从高处跳下去的勇士。不过，他们的结局大多很惨，不是摔伤，就是身亡。即便有少数人成功完成了挑战，他们的行为也很难算真正意义上的"飞翔"。

用我们今天的眼光来看古人，那些想要通过"长"出翅膀而飞行的勇士固然荒唐，但他们也为人类实现飞行梦迈出了第一步。

人类的第一次热气球之旅

　　人类第一次上天，乘坐的不是飞机，而是热气球。热气球的发明者是法国的孟格菲兄弟。1783 年 11 月 21 日，两名青年科学家乘坐孟格菲兄弟的热气球，成功在巴黎空中飞行约 25 分钟（亦有孟格菲兄弟亲自乘坐的说法）。自此，热气球成为人类最早的飞行工具。

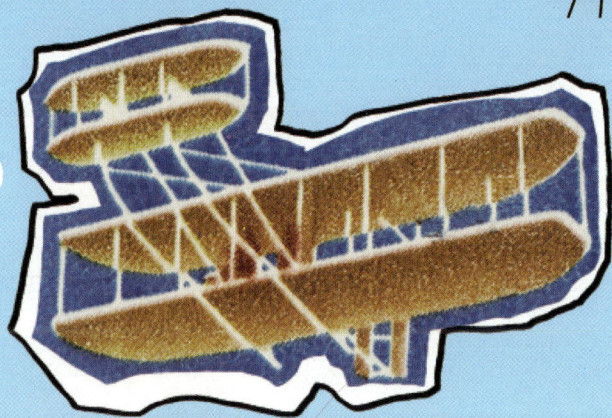

🔆 你知道吗?

　　意大利画家达·芬奇曾模仿小鸟、蝙蝠和翼龙等动物的飞行方法，设计出了扑翼机。扑翼机，就是机翼可以像鸟的翅膀那样扑动的飞机。不过，因为它的制造难度非常大，所以它至今仍只存在于人们的想象中。另外，达·芬奇还设计了一款能垂直起降的飞机，它与现在的直升机有着一些相似之处。

世界上第一架动力飞机上天

　　在莱特兄弟发明世界上第一架动力飞机前，已经有无数科学家为之付出了巨大的努力，比如在试飞滑翔机时不幸遇难的德国科学家李林塔尔，被誉为"空气动力学之父"的乔治·凯利……

　　1903 年 12 月 17 日，莱特兄弟完成了人类历史上第一次飞机飞行，虽然飞机留空时间只有 12 秒，飞行距离仅约 36 米，却迈出了人类飞行史上重要的一步。

科技给人类带来了什么？

带来了种种便利！

科技给人类带来了什么？

科技是什么？

科技就是科学技术。有时，科技是可以被看见的，我们使用的电子产品、乘坐的交通工具都是它的产物，我们的日常生活离不开它的帮助。有时，科技又是摸不着的，它会变成晦涩的定义、复杂的公式，只有苦心钻研它的人才能掌握。科技让我们的生活发生翻天覆地的变化，科技的进步对人类来说是意义非凡的。

人类为什么需要科技？

在古代，火药帮助人类抵御外敌入侵，指南针帮助人类畅行大海，造纸术和印刷术使先进的知识得以大范围传播。

到了近代的工业革命时期，蒸汽机、内燃机的发明让工厂能在短时间里生产出更多的商品。

而现在，随着电子信息技术的迅猛发展，新事物层出不穷，比如网购、外卖、高铁、快捷支付……我们的生活变得更便利、更舒适，人类文明也变得更加繁荣。

科技有可能反过来主宰人类吗？

科技的过度发展，例如克隆技术、人工智能的出现，令有些人感到怀疑、担心甚至恐惧。他们会想：万一科技的发展超出了人类的认知和理解，人类反而被未来的科技主宰怎么办？这个问题，你怎么看呢？

💡 你知道吗？

猪蛋白能让人重见光明？2022 年，来自瑞典的一些科学家发明了猪蛋白角膜，即用猪皮肤的胶原蛋白制成的眼角膜。目前，全世界约有 1200 万人患有角膜盲症，急需眼角膜来帮助恢复健康。猪蛋白角膜的出现，将给饱受视力问题困扰的人们带来新的希望。

感谢你让我能重见光明！

未来人类会变成什么样？

未来人类会不会长出三头六臂？

500年后，我们会不会重新长出尾巴？

我倒是想长出翅膀来呢！

人类还会继续进化吗？

达尔文的进化论让我们了解到，物种会为了生存而千方百计做出适应环境的改变。只要自然环境和生活环境在变，生命的进化就不会停止。科学家们对未来人类可能进化成的"新造型"进行了预测，比如：个子会变得更高，四肢会更长，手指的神经末梢会更灵敏，身上的毛发会变少或不存在，一些没有明显功能的身体器官也有可能会彻底消失……

人类会成为外星移民吗？

科幻作品中经常会出现这样的情节：在未来，人类搬到了其他星球甚至其他星系去居住。其实，不仅在艺术领域，现实中如何让人类能移民外星也是无数科学家正在研究的课题。虽然人类已经在探索移民外星的可能性上投入了大量的时间和资源，但遗憾的是，直到现在，除了"出差"的航天员，地球人依然只能住在地球上。当然，也许在未来的某一天，人类说不定能掌握移民外星的技术，到时候你想住在哪个星球，就住在哪个星球。

你假期去哪儿玩？

我打算去火星来一场大冒险！

人类会变成机器人吗？

随着科技的不断进步，人类运用科技改造自身的水平也越来越高。比如，我们现在已经能造出一些高科技辅具，帮助残疾人重新站立、奔跑、蹦跳，甚至参加激烈的体育竞赛。不过，从本质上来说，即使我们的一部分器官或肢体被机器取代，人类与机器人还是不一样的。这是因为人类不仅拥有自主意识，还拥有相当复杂的人体结构。

不过，人类的演化是个没有结尾的故事，也许在未来，新的科技将会颠覆我们现有的观念。

报告！有不明物体正向地球靠近，请求支援！

❓ 想一想

地球是人类唯一的家园，对已经存在了大约 46 亿年的地球而言，人类是如此渺小，人类的历史是如此短暂。在遥远的未来，会不会有陨石再次撞击地球，让地球上的生命重新洗牌？人类对自然资源的攫（jué）取会不会引发严重的气候变化，导致环境恶化，并最终危及人类自身？人类最终将迎来怎样的结局，现在还没有人知道。